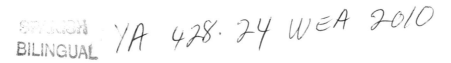

1

Gramática del inglés: Paso a paso

Escrito por Elizabeth Weal
Traducido por Gabriela Urricariet
Ilustrado por Amy Zhang

Tenaya Press
Palo Alto, CA

Para mis estudiantes

Todas las consultas deben dirigirse a
Elizabeth Weal
Tenaya Press
3481 Janice Way
Palo Alto, CA 94303

650-494-3941
ElizabethWeal@tenaya.com
http://TenayaPress.Tenaya.com

Diseño: Stuart Silberman
Portada: Beth Zonderman
Maquetación: Renée Cook

Acerca de la portada

La portada es una fotografía de una mola. Las molas son parte de la vestimenta tradicional de la tribu centroamericana Cuna (o Kuna) del Archipiélago de San Blas, un conjunto de islas tropicales en la costa atlántica de Panamá. Las molas, que también pueden encontrarse en Colombia, se hacen a mano usando una técnica de appliqué inverso. Se superponen múltiples capas de telas de diferentes colores y se cosen entre sí; luego el diseño se forma cortando y quitando partes de cada capa.

Fotografía de la portada: Mary Bender

ISBN 978-0-9796128-6-2

Índice

Bienvenido

Un mensaje para el estudiante

Bienvenido a *Gramática del inglés: Paso a paso 1*, un libro que te enseñará todo lo que necesitas saber para entender los fundamentos básicos de la gramática del inglés.

Este libro se basa en el supuesto de que cualquiera puede aprender acerca de la gramática del inglés, sin importar el nivel de educación que tenga. Para asegurarnos de que esto sea posible, presentamos los conceptos de gramática paso a paso, desde lo más básico. Luego de cada concepto nuevo, encontrarás ejercicios que te darán la oportunidad de practicar lo que has aprendido, y los ejercicios adicionales al final de cada capítulo te permitirán practicar aún más. En el apéndice al final del libro encontrarás todas las respuestas a los ejercicios, de manera que siempre podrás revisar tu tarea. Al final del libro se incluye un diccionario, para poder buscar fácilmente cómo se escribe una palabra cuando no sabes.

Este libro también está dirigido a personas que pueden hablar inglés pero que no han recibido formación académica para poder escribir en este idioma. Por esta razón, este libro abarca conceptos básicos como el uso de mayúsculas y puntuación, temas que con frecuencia son un misterio para quienes nunca estudiaron inglés en la escuela.

Recuerda que este libro se concentra sólo en la gramática. Aprender inglés requiere de muchas otras habilidades además de la gramática, como la pronunciación, la comprensión, el desarrollo de vocabulario y otros. Al mismo tiempo, si quieres mejorar tu inglés necesitarás un "cimiento" sólido de gramática básica, que es justamente lo que te ofrece este libro.

Un mensaje para el maestro

Gramática del inglés: Paso a paso 1 fue escrito para ayudar a estudiantes hispanohablantes a aprender sobre gramática de una manera fácil y directa. Presupone que los estudiantes no tienen conocimientos previos de gramática del inglés ni del español, y es adecuado para estudiantes con formación académica mínima. También está dirigido a estudiantes con ciertos conocimientos del inglés oral pero que tienen experiencia limitada con la palabra escrita. Los maestros pueden usar *Gramática del inglés: Paso a paso* como libro de texto de clases en español o como complemento para alumnos hispanohablantes de clases bilingües. Debido a que el libro está disponible en inglés y en español, los maestros que no hablan español pueden leer la versión en inglés para aprender sobre las diferencias básicas entre la gramática de los dos idiomas, y luego poner a disposición de los alumnos la versión en español. La versión en inglés del libro también se puede usar con alumnos que están en un nivel intermedio de inglés como segundo idioma (ESL) y que quieren repasar gramática básica del inglés.

Agradecimientos

Muchas personas me brindaron su apoyo y aliento para que escribiera este libro. Mi amiga y colega Maria Kleczewska leyó los primeros borradores y me ofreció comentarios invalorables basados en su experiencia en materia educativa. Gracias a sus aportes, la versión final de este libro es mucho mejor que su versión original. Mi amiga Lisa Swagerty se tomó el tiempo para escuchar mis inquietudes y me brindó consejos muy valiosos. Mi amiga Barb Hooper me dio excelente consejos de marketing y mi amiga Julie Reis revisó el libro y encontró errores que habían pasado desapercibidos ante los ojos de los demás. Gabriela Urricariet fue una traductora y correctora capaz y concienzuda. Su ojo detallista ayudó a hacer de este libro un éxito. Las atractivas ilustraciones de Amy Zhang han permitido que los lectores hagan la conexión entre conceptos abstractos de gramática y conversaciones de todos los días. El diseñador de libros Stuart Silberman logró que este manuscrito dejara de ser un mar gris de palabras y se transformara en un documento fácil de usar y que invita a ser leído. Renée Cook merece el reconocimiento por transformar el diseño de Stuart en un documento pulido. Beth Zonderman creó una portada que le dio vida a un tema que puede parecer aburrido. Por último, Por último, quiero agradecer a Mary Bender por hacerme conocer la belleza de los tejidos latinoamericanos en general y de las molas en particular. La mola que aparece en la portada de este libro es parte de su colección.

También quiero agradecer a muchos miembros del personal de Sequoia Adult School– incluidos Barbara Hooper, Lionel De Maine, Pat Cocconi, Ana Escobar, Soledad Rios, Maria Ibarra, and Juan Ramirez–que han apoyado mis esfuerzos y me han ayudado para que mis libros estén disponibles para los alumnos de Sequoia Adult School.

Mi maravilloso esposo Bruce Hodge me ayudó con incontables tareas, desde colaborar en el diseño hasta brindar servicio técnico las 24 horas del día los siete días de la semana. ¡Muchas gracias! Mis hijas Chelsea y Caroline contribuyeron con aportes editoriales muy valiosos. Por último, quiero agradecer a los cientos de estudiantes que me inspiraron con su entusiasmo por aprender y su sincera dedicación a dominar las complejidades de la gramática del inglés. Sin ellos, este libro nunca hubiera sido escrito.

I am from Mexico.
(Soy de México.)

Aprender un idioma es como construir un edificio. Empiezas desde abajo y vas subiendo de un nivel a otro. En este capítulo aprenderás cuáles son los "ladrillos" que forman la estructura de un idioma: sustantivos, pronombres y verbos. También aprenderás a usar el verbo **to be** (ser y estar), el verbo más común en el idioma inglés. Por último, usarás lo que has aprendido para escribir oraciones simples en inglés.

Al finalizar este capítulo, podrás:
- Reconocer los sustantivos
- Distinguir entre sustantivos singulares y plurales
- Enumerar los pronombres personales en inglés
- Usar el verbo **to be** (ser y estar)

1.1 Sustantivos: Los "ladrillos" que forman la estructura de un idioma

Cuando eras un bebé, las primeras palabras que dijiste seguramente fueron los nombres de las personas y cosas alrededor de ti. Estas palabras, como mamá y pelota, se llaman **sustantivos**. Un *sustantivo* es una palabra que se refiere a una persona, lugar, animal o cosa. Por ejemplo,

- ▶ maestra es un sustantivo que es una persona
- ▶ parque es un sustantivo que es un lugar
- ▶ elefante es un sustantivo que es un animal
- ▶ mesa es un sustantivo que es una cosa

En español, los sustantivos se distinguen por género: femenino o masculino. Por ejemplo, la casa es un sustantivo femenino. En inglés, los únicos sustantivos femeninos o masculinos se refieren a ciertas personas y animales. Por ejemplo, **father** (padre) es un sustantivo masculino y **mother** (madre) es un sustantivo femenino. Sólo unos pocos sustantivos en inglés son de género masculino o femenino. Estas son buenas noticias si estás aprendiendo inglés, porque quiere decir que casi nunca tienes que pensar si un sustantivo es masculino o femenino.

El uso de the

La palabra más común en el idioma inglés es **the**. En español, **the** se puede decir de cuatro maneras distintas: el, la, los, y las. En inglés es fácil: siempre usas **the**.

Un sustantivo puede ser **singular** o **plural**. Un sustantivo *singular* se refiere a una persona, lugar, animal o cosa. Un sustantivo *plural* se refiere a más de uno. El cuadro a continuación te da ejemplos de cómo usar **the** con sustantivos singulares. Estudia estas palabras. Las usarás en el ejercicio en la siguiente página.

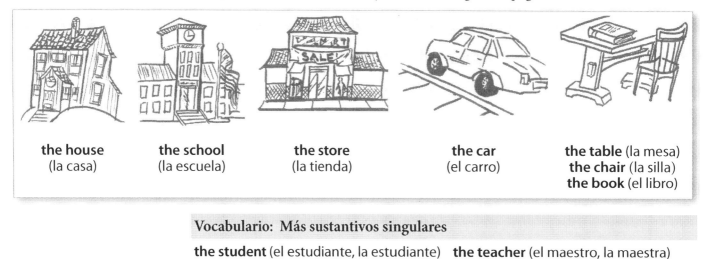

| **the house** (la casa) | **the school** (la escuela) | **the store** (la tienda) | **the car** (el carro) | **the table** (la mesa) **the chair** (la silla) **the book** (el libro) |

Vocabulario: Más sustantivos singulares

the student (el estudiante, la estudiante)	**the teacher** (el maestro, la maestra)
the girl (la niña)	**the boy** (el niño)
the sister (la hermana)	**the brother** (el hermano)

1.1.a Actividades: Lee la oración en la columna 1. En la columna 2, escribe los sustantivos que encuentras en la oración. La primera oración ya está hecha. Una vez que termines, fíjate si tus respuestas son correctas en el Apéndice A al final del libro.

Columna 1	Columna 2 Haz una lista de los sustantivos en la oración.
1. Laura tiene un perro y dos gatos.	1a. Laura
	1b. perro
	1c. gatos
2. Me gusta comer arroz y frijoles.	2a.
	2b.
3. Veo una paloma en el jardín.	3a.
	3b.
4. Los estudiantes están en el aula.	4a.
	4b.
5. La casa es grande.	5a.
6. Miguel y Ernesto son amigos.	6a.
	6b.
	6c.
7. El lápiz está en la mesa.	7a.
	7b.
8. Juan vive en Chicago.	8a.
	8b.

1.1.b Actividades: Traduce estas frases. Usa la lista de palabras en la página anterior. Las primeras dos ya están hechas.

1. la silla	the chair	7. la casa	
2. la tienda	the store	8. la estudiante	
3. el libro		9. la escuela	
4. la niña		10. el carro	
5. la mesa		11. el niño	
6. la maestra		12. el maestro	

Sustantivos singulares y plurales

Como ya aprendiste en la sección anterior, los sustantivos pueden ser singulares o plurales. Un *sustantivo singular* se refiere a una persona, lugar, animal o cosa. Un *sustantivo plural* se refiere a más de una persona, lugar, animal o cosa. Tanto en español como en inglés, por lo general se le agrega una s a un sustantivo para que sea plural.

Plant (planta) es un sustantivo singular.   **Plant<u>s</u>** (plantas) es un sustantivo plural.

Book (libro) es un sustantivo singular.   **Book<u>s</u>** (libros) es un sustantivo plural.

Estudia los sustantivos singulares y plurales en el cuadro a continuación. Puedes ver que todos los sustantivos plurales terminan en **s.** También puedes ver que en inglés usas la misma palabra, **the**, ya sea que se trate de un sustantivo singular o plural.

Sustantivos singulares	Sustantivos plurales
the house (la casa)	**the houses** (las casas)
the school (la escuela)	**the schools** (las escuelas)
the store (la tienda)	**the stores** (las tiendas)
the car (el carro)	**the cars** (los carros)
the table (la mesa)	**the tables** (las mesas)
the chair (la silla)	**the chairs** (las sillas)
the book (el libro)	**the books** (los libros)
the student (el estudiante, la estudiante)	**the students** (los estudiantes, las estudiantes)
the teacher (el maestro, la maestra)	**the teachers** (los maestros, las maestras)

En inglés, a veces se les agrega **es** o **ies** (en lugar de **s**) a los sustantivos para que sean plurales. Aprenderás más acerca de los sustantivos plurales más adelante en el libro.

1.2.a Actividades: Escribe **S** después del sustantivo si es singular y **P** si es plural. Los primeros dos ya están hechos.

1. the student	S	9. the houses		17. the cat (gato)	
2. the students	P	10. the house		18. the cats	
3. the nurse		11. the book		19. the sister	
4. the nurses		12. the books		20. the sisters	
5. the teachers		13. the chairs		21. the schools	
6. the teacher		14. the chair		22. the school	
7. the dog (perro)		15. the table			
8. the dogs		16. the tables			

1.2.b Actividades: Transforma cada sustantivo en plural. El primero ya está hecho.

1. the nurse	the nurses	7. the book	
2. the teacher		8. the house	
3. the student		9. the car	
4. the store		10. the table	
5. the dog		11. the school	
6. the chair		12. the brother	

1.2.c Actividades: Traduce estas frases al inglés. Las primeras dos ya están hechas.

1. la mesa	the table	10. las maestras	
2. las mesas	the tables	11. la madre	
3. el perro		12. las casas	
4. los hermanos		13. los carros	
5. los gatos		14. el estudiante	
6. las sillas		15. la estudiante	
7. la maestra		16. las estudiantes	
8. los libros		17. los estudiantes	
9. la silla		18. las hermanas	

Para aprender un idioma nuevo, debes pensar en cómo funciona tu lengua materna; luego aplicar esa información al idioma que estás aprendiendo. En esta sección, aprenderás a reconocer los verbos y los sujetos en oraciones en español. En la próxima sección, aprenderás a usar verbos y sujetos en inglés.

> 👁 **¡Cuidado!** Si bien estás ansioso por aprender acerca de la gramática del inglés (más que de la gramática del español), no saltes esta sección. Si lo haces, más adelante estarás confundido.

Un *verbo* es una palabra que habla de una acción. Por ejemplo, bailar, hablar y nadar son verbos. Sin embargo, los verbos más comunes en español, ser y estar, no se refieren a una acción; sólo cuentan el estado actual de las cosas.

Normalmente, el *sujeto* de la oración es el primer sustantivo de la oración. El sujeto nos dice de quién o de qué se está hablando en la oración. Por lo general, el verbo va inmediatamente después del sujeto. Observa esta oración:

▶ Gabriela es maestra.

El verbo es es. Para darte cuenta de cuál es el sujeto, busca el primer sustantivo en la oración. Como puedes ver, es Gabriela. Fíjate que la palabra Gabriela está ubicada inmediatamente antes del verbo, es.

Hay muchas oraciones en las que el primer sustantivo en la oración no es el sujeto de la oración y en las que el sustantivo no está ubicado justo antes del verbo, pero no estudiarás esos tipos de oraciones hasta que tengas más conocimientos de gramática.

A continuación hay más ejemplos de oraciones completas. En cada ejemplo, el sujeto está subrayado y el verbo está en **negrita**.

▶ <u>Carlos</u> **es** médico.

▶ <u>Los edificios</u> **son** muy grandes.

▶ <u>Mis hermanas</u> **están** en Puebla.

▶ <u>Ángel</u> **está** muy guapo.

1.3.a Actividades: El sujeto de cada oración está subrayado. Escribe **S** si el sujeto es singular y **P** si es plural. Las primeras dos ya están hechas.

1. El estudiante es de Texas.   S
2. Los estudiantes ahora están en Nueva York.   P
3. Isabel y yo somos amigas.
4. La maestra está en el aula.
5. Las sillas son nuevas.
6. El vecindario es peligroso.
7. El carro siempre está roto.
8. Los estudiantes todavía están cansados.

9. Yo soy de Los Ángeles.
10. Nosotros somos estudiantes nuevos.
11. Jennifer López es actriz.
12. Las montañas son muy altas.
13. Las mujeres están en el teatro.
14. Nosotros somos de Brasil.
15. La tienda está cerrada.
16. Yo estoy enfermo.

1.3.b Actividades: Haz una raya debajo del sujeto. Haz dos rayas debajo del verbo, **ser** o **estar**. Las primeras dos ya están hechas.

1. El estudiante es de Texas.
2. Ellos están en Nueva York.
3. Nosotras somos amigas.
4. La maestra está en el aula.
5. Las sillas son nuevas.
6. El vecindario es peligroso.
7. El carro está roto.
8. Los estudiantes están cansados.
9. Yo soy de Los Ángeles.

10. Alex y yo somos estudiantes nuevos.
11. Jennifer López es actriz.
12. Las montañas son muy altas.
13. Las mujeres están en el teatro.
14. Enrique y yo somos de Brasil.
15. Los perros están en el parque.
16. Los libros están en el suelo.
17. La tienda está cerrada.
18. Lucas está enfermo.

Has aprendido que el sujeto de una oración es la palabra o las palabras que indican a quién o a qué se refiere la oración. Lee esta oración:

▶ Jorge es de Nicaragua.

El sujeto de la oración es Jorge.

Un *pronombre* es una palabra que puedes usar para reemplazar el sustantivo. Un *pronombre personal* es un pronombre que toma el lugar de un sustantivo que es el sujeto. Por ejemplo, en lugar de decir

▶ Jorge es de Nicaragua.

puedes reemplazar Jorge con el pronombre él. La oración nueva es

▶ **Él** es de Nicaragua.

Del mismo modo, en lugar de decir

▶ **Los niños** están en el parque.

puedes decir

▶ **Ellos** están en el parque.

Los siguientes son los pronombres personales en inglés y en español.*

| **I** (yo) | **he** (él) | **she** (ella) | **you** (tú, usted, ustedes) | **we** (nosotros, nosotras) | **they** (ellos, ellas) |

*El pronombre **it** no se traduce fácilmente al español. Aprenderás más sobre **it** en el próximo capítulo.

Comparemos el inglés con el español: En inglés, el pronombre **you** se usa para decir tú, usted y ustedes. ¡Esto significa que usarás el mismo pronombre si hablas con un niño o con el Presidente de los Estados Unidos! También usarás **you** si hablas con una sola persona o con un grupo de personas. Observa estos ejemplos:

Inglés	Español
You are from Peru.	**Tú** eres de Perú.
You are from Peru.	**Usted** es de Perú.
You are from Peru.	**Ustedes** son de Perú.

Comparemos el inglés con el español: En inglés, el pronombre **they** quiere decir ellos y ellas. En otras palabras, usas **they** para dirigirte a un grupo de hombres, a un grupo de mujeres o a un grupo de hombres y mujeres del cual no eres parte.

1.4.a Actividades: Traduce estos pronombres personales del inglés al español. El primero ya está hecho.

1. they   ellos   ellas   4. we

2. he   5. you

3. I   6. she

1.4.b Actividades: Usa la pista para encontrar el pronombre correcto en inglés. El primero ya está hecho.

1. Usas este pronombre personal para hablar de un hombre.   he

2. Usas este pronombre personal para hablar de una mujer.

3. Usas este pronombre personal para hablar de ti mismo.

4. Usas este pronombre personal para hablar de un grupo de hombres, un grupo de mujeres o un grupo de hombres y mujeres del cual no eres parte.

5. Usas este pronombre personal para hablar de ti y una o más personas.

6. Usas este pronombre personal para hablar de la persona con la que estás conversando.

1.4.c Actividades: Traduce estos pronombres personales del español al inglés. El primero ya está hecho.

1. ella   she   6. usted

2. tú   7. yo

3. él   8. ustedes

4. ella   9. nosotros

5. ellas   10. ellos

1.4.d Actividades: Escribe el pronombre personal –**he, she** o **they**– que puedes usar en lugar de cada sustantivo. Los primeros dos ya están hechos.

Sustantivo	Pronombre	Sustantivo	Pronombre
1. Emma	she	9. the sister	
2. Mario	he	10. the sisters	
3. Nina and Marco		11. the brother	
4. Fred, Tom, and Dan		12. the brothers	
5. the girl		13. the students	
6. the girls		14. Anna	
7. the boys		15. Eduardo	
8. Lucas		16. Sharon and Frank	

1.5   Presentamos el verbo *to be*

Los verbos más comunes en español son ser y estar. En inglés, cuando quieres usar un verbo que significa ser o estar, usas el verbo **to be**. Lo que confunde es que nunca se dice **I be**, **you be** o **he be**. Lo correcto es decir **I am**, **you are**, **he is** y así sucesivamente. El resto de este capítulo se concentra en este verbo tan importante. Para comenzar, estudia este cuadro.

Conjugar el verbo to be: Primera parte	
I am	yo soy, yo estoy

Fíjate en lo siguiente:

- ▸ La frase en inglés que significa **I am** tiene dos traducciones: yo soy y yo estoy.
- ▸ Al usar el verbo **to be**, siempre debes usar **am** después del pronombre **I**.

Lee esta conversación:

*¿De dónde eres?   **Yo soy de México. Soy de México.

Algunas cosas importantes a tener en cuenta sobre la respuesta son:

- ▸ Tu respuesta a la pregunta <u>debe</u> incluir el pronombre personal, **I**. En español es distinto, ya que el pronombre personal, **yo**, es optativo. La siguiente oración es correcta:

  I am from Peru.

  La siguiente oración no es correcta:

  ~~Am from Peru.~~

- ▸ La palabra en inglés para de es **from**.
- ▸ Localidades geográficas específicas se escriben con letra mayúscula. Por lo tanto, **Mexico** siempre se escribe con **M** mayúscula.
- ▸ Todas las oraciones en inglés <u>deben</u> comenzar con letra mayúscula y terminar con un punto o signo de interrogación (de pregunta).

En inglés, la puntuación es muy importante. Es más, si no usas la puntuación correcta, la gente puede pensar que no eres bien educado, aunque en realidad lo seas. Por esta razón, cuando escribas en inglés, asegúrate de comenzar cada oración con letra mayúscula y de terminarla con un punto o signo de interrogación. Aprenderás más sobre la puntuación en inglés a medida que avances en este libro.

1.5.a Actividades: Escribe de nuevo estas oraciones con letra mayúscula donde corresponda y la puntuación correcta. Recuerda que los nombres de localidades específicas deben comenzar con letra mayúscula. La primera ya está hecha.

1. he is from san luis potosi   He is from San Luis Potosi.

2. linda is from zacatecas

3. anna is from nicaragua

4. peter is from ecuador

5. jesus is from cuba

6. wendy is from chihuahua

7. dulce is from guerrero

8. francisco is from santiago

9. gabriela is from hidalgo

10. edgar is from the usa

1.5.b Actividades: Una de las oraciones en cada línea no es correcta. Tacha la oración **incorrecta**. La primera ya está hecha.

1a. I am from Bolivia.	1b. ~~I from Bolivia.~~
2a. I from New York.	2b. I am from New York.
3a. My from is Puerto Rico.	3b. I am from Puerto Rico.
4a. I from Guatemala.	4b. I am from Guatemala.
5a. I am from Seattle.	5b. Am from Seattle.
6a. I from Ecuador.	6b. I am from Ecuador.
7a. Am de Mexico.	7b. I am from Mexico.

1.5.c Actividades: Traduce las siguientes oraciones. Asegúrate de comenzar cada oración con mayúscula; escribe con mayúscula los nombres de países, ciudades y estados; y termina cada oración con un punto. Cuando revises lo que has hecho, asegúrate de que cada una de tus oraciones sea exactamente igual a la oración en el Apéndice A al final del libro. La primera ya está hecha.

1. Yo soy de San Salvador.   I am from San Salvador.

2. Soy de San Salvador.

3. Yo soy de Honduras.

4. Yo soy de Chiapas.

5. Soy de Chiapas.

1.6   El uso de *to be* con *he* y *she*

Ahora sabes cómo decirle a alguien de dónde eres, pero imagínate que quieres hablar del lugar de origen de tu hermana o amiga. En ese caso, necesitas usar el verbo **to be** con **he** o **she** o un sustantivo que usas en lugar de **he** y **she**. Para comenzar, estudia este cuadro:

Conjugar el verbo to be: Segunda parte		
he <u>is</u>	él es	él está
Marco <u>is</u>	Marco es	Marco está
the boy <u>is</u>	el niño es	el niño está
she <u>is</u>	ella es	ella está
Maria <u>is</u>	María es	María está
the girl <u>is</u>	la niña es	la niña está

Fíjate en lo siguiente:

▶ Cada frase en inglés tiene dos traducciones: una que incluye una forma del verbo ser y una que incluye una forma del verbo estar.

▶ Al usar el verbo **to be**, siempre debes usar **is** después de los pronombres **he** y **she** y después de sustantivos que se refieren a una persona.

Estudia las siguientes oraciones:

*Él es de Cuba.

*Ella es de Perú.

Pero no es correcto decir

▶ ~~Is from Mexico~~.

1.6.a Actividades: Completa cada oración con **am** o **is**. Las primeras dos ya están hechas.

1. I ___am___ from Mexico.

2. Lucy ___is___ from Peru.

3. Lucinda _____ from New York.

4. Robert _____ from Guatemala.

5. My teacher _____ from Morelia.

6. He _____ from Mexico.

7. She _____ from Puerto Rico.

8. I _____ from Toluca.

9. The boy _____ from Escatepec.

10. I _____ from Havana.

1.6.b Actividades: Escribe de nuevo la oración y reemplaza las palabras subrayadas con **he** o **she**. La primera ya está hecha.

1. The boy is from Los Angeles.   He is from Los Angeles.

2. The girl is from Managua.   _____

3. Ana is from Bogota.   _____

4. My sister is from San Jose.   _____

5. Ramon is from the United States.   _____

1.6.c Actividades: Una de las oraciones en cada línea no es correcta. Tacha la oración **incorrecta**. La primera ya está hecha.

1a. She is from England.

2a. I is from New York.

3a. Is from Miami.

4a. He is from Chicago.

5a. Am from Santo Domingo.

1b. ~~She am from England.~~

2b. I am from New York.

3b. Juan is from Miami.

4b. Is from Chicago.

5b. I am from Santo Domingo.

1.6.d Actividades: Traduce las siguientes oraciones. La primera ya está hecha. Asegúrate de comenzar cada oración con mayúscula y de terminar cada oración con un punto. Cuando revises lo que has hecho, asegúrate de que cada una de tus oraciones sea exactamente igual a la oración en el Apéndice A al final del libro.

1. Susan es de El Salvador.   Susan is from San Salvador.

2. Juan es de Michoacán.   _____

3. Mi hermano es de Leon.   _____

4. Él es de Guadalajara.   _____

5. Yo soy de Oaxaca.   _____

6. El niño es de San Juan.   _____

En la sección anterior aprendiste a usar el verbo **to be** con los pronombres **I, he** y **she**. ¿Pero qué forma de este verbo usas con los demás pronombres? Estudia este cuadro para saber.

Conjugar el verbo to be: Tercera parte	
you <u>are</u>	tú eres, tú estás, usted es, usted está, ustedes son, ustedes están
we <u>are</u>	nosotros somos, nosotros estamos
Bob and I <u>are</u>	Bob y yo somos, Bob y yo estamos
they <u>are</u>	ellos son, ellos están, ellas son, ellas están
the boys <u>are</u>	los niños son, los niños están
the girls <u>are</u>	las niñas son, las niñas están

Luego de mirar este cuadro, puedes ver que al usar el verbo **to be**, debes usar la conjugación **are** después de los pronombres **you, we** y **they**, es decir después de sujetos que se refieren a la persona con la que estás conversando, a ti y otra persona o a un grupo de personas del cual no eres parte.

Comparemos el inglés con el español: Recuerda que el pronombre **you** se refiere a tú, usted y ustedes. Esto quiere decir que debes usar **you are** en las siguientes situaciones:
- ▸ **You are** from Sonora. (**Eres** de Sonora o **Tú eres** de Sonora.)
- ▸ **You are** from Sonora. (**Usted es** de Sonora.)
- ▸ **You are** from Sonora. (**Ustedes son** de Sonora.)

Comparemos el inglés con el español: En español, puedes omitir el pronombre que va antes del verbo si el significado de la oración es claro sin el pronombre. Por ejemplo, en español puedes decir
- ▸ Tú eres de Guatemala. o Eres de Guatemala.

En inglés, debes incluir el pronombre. Por lo tanto, debes decir
- ▸ You are from Guatemala.

Resumen de gramática

Cuando quieras usar el verbo **to be** (ser o estar):

- ▸ usa **am** después del pronombre **I**.

- ▸ usa **are** después de los pronombres **you, we** y **they**.

- ▸ usa **is** después de los pronombres **he** y **she**.

1.7.a Actividades: Escribe la forma correcta del verbo **to be** (**am, is** o **are**). La primera ya está hecha.

1. I ___am___ from Mexico.

2. You _____ from Mexico.

3. He _____ from Peru.

4. She _____ from Chicago.

5. We _____ from Paris.

6. You _____ from Guatemala.

7. They _____ from Texas.

8. Luis _____ from Cuba.

9. I _____ from Madrid.

10. Hector _____ from Cancun.

11. The teachers _____ from San Francisco.

12. Leo and Luis _____ from Nicaragua.

13. My mother _____ from Los Angeles.

14. You _____ from the United States.

15. Marco and Dan _____ from El Salvador.

16. I _____ from the Dominican Republic.

17. We _____ from Latin America.

18. My mother _____ from Canada.

19. They _____ from Mexico City.

20. You _____ from Zapopan.

1.7.b Actividades: Traduce las siguientes oraciones. La primera ya está hecha. Cuando revises lo que has hecho, asegúrate de que cada una de tus oraciones sea exactamente igual a la oración en el Apéndice A al final del libro.

1. Susan es de San Salvador. Susan is from San Salvador.

2. Juan y Nancy son de Chicago. _____

3. Mi hermana es de Dallas. _____

4. Ellos son de Lima. _____

5. Nosotros somos de San Juan. _____

1.7.c Actividades: Una de las oraciones en cada línea no es correcta. Tacha la oración **incorrecta**. La primera ya está hecha.

1a. She is from England.   1b. ~~She are from England.~~

2a. I are from New York.   2b. I am from New York.

3a. We is from Miami.   3b. We are from Miami.

4a. He is from Chicago.   4b. He are from Chicago.

5a. The boys are from Cuba.   5b. The boys am from Cuba.

6a. My from is Santiago.   6b. I am from Santiago.

7a. You is from Tokyo.   7b. You are from Tokyo.

8a. Lourdes are from the United States.   8b. Lourdes is from the United States.

1.8 Oraciones correctas y oraciones incorrectas

Este gráfico te muestra la estructura de las oraciones que has estudiado.

Sujeto (sustantivo o pronombre)	Verbo to be (ser o estar)	Localidad
I (Yo)	am (soy)	from La Paz. (de La Paz.)
Luis	is (es)	from Bogota. (de Bogotá.)
We (Nosotros, Nosotras)	are (somos)	from Caracas. (de Caracas.)

Como puedes ver, cada oración comienza con un sustantivo o pronombre, seguido por el verbo **to be** conjugado, seguido por una localidad. Aunque esto parezca sencillo, es muy fácil cometer errores. A continuación hay algunos ejemplos de los errores que cometen quienes están aprendiendo a hablar inglés.

Oraciones sin sujeto

En inglés, <u>no</u> es correcto decir

> ▸ ~~Is from Morelia.~~ (Es de Morelia.)

A diferencia del español, en inglés no se puede omitir el pronombre (la única excepción son los comandos, pero no vamos a hablar de eso en este libro). Es correcto, por ejemplo, decir

> ▸ **Luis** is from Morelia. (Luis es de Morelia.)

O puedes decir

> ▸ **He** is from Morelia. (Él es de Morelia.)

Oraciones con un sujeto que se repite

<u>No</u> es correcto decir

> ▸ ~~Luis he is from Morelia. (Luis, él es de Morelia.)~~

Esta oración no es correcta porque no se pueden usar al mismo tiempo un sustantivo y un pronombre para el mismo sujeto. Puedes decir

> ▸ **Luis** is from Morelia. (Luis es de Morelia.)

O puedes decir

> ▸ **He** is from Morelia. (Él es de Morelia.)

Oraciones sin verbo

Otro error muy común es omitir el verbo. Por ejemplo

> ▸ ~~He from Morelia. (Él de Morelia.)~~

En inglés, una oración gramaticalmente correcta <u>debe</u> incluir un verbo.

1.8.a Actividades: En cada línea, dos oraciones son correctas y una es incorrecta. Tacha la oración **incorrecta**. La primera ya está hecha.

1a. ~~Susan she is from NY.~~   1b. She is from NY.   1c. Susan is from NY.

2a. Bob is from Boston.   2b. Bob he is from Boston.   2c. He is from Boston.

3a. Lily is from Reno.   3b. She is from Reno.   3c. Lily she is from Reno.

4a. He is from Peru.   4b. Dan he is from Peru.   4c. Dan is from Peru.

5a. The girls they are from LA.   5b. They are from LA.   5c. The girls are from LA.

1.8.b Actividades: En cada línea, una oración es correcta y una es incorrecta. Tacha la oración **incorrecta**. La primera ya está hecha.

1a. ~~Is from NY.~~   1b. She is from NY.

2a. Jose he is from Ecatepec.   2b. Jose is from Ecatepec.

3a. Are from Ciudad Juárez.   3b. Louisa and Anita are from Ciudad Juárez.

4a. Is from Puerto Rico.   4b. He is from Puerto Rico.

5a. Lisa she is from Camaguey.   5b. Lisa is from Camaguey.

6a. We are from San Luis Potosí.   6b. Are from San Luis Potosí.

7a. ~~I am NY.~~   7b. I am from NY.

8a. Ernesto is Guadalajara.   8b. Ernesto is from Guadalajara.

9a. Louisa and Anita from LA.   9b. Louisa and Anita are from LA.

10a. He is from Guatemala City.   10b. He is Guatemala City.

11a. Lisa from Culiacan.   11b. Lisa is from Culiacan.

12a. We are from Zapopan.   12b. We from Zapopan.

13a. I from Samto Domingo.   13b. I am from Santo Domingo.

14a. They are Guadalupe.   14b. They are from Guadalupe.

1.8.c Actividades: Escribe la forma correcta del verbo **to be** (**am, is** o **are**). La primera ya está hecha.

1. I ___am___ from Madrid.   5. They _____ from Australia.

2. You _____ from the Dominican Republic.   6. You _____ from Guatemala.

3. Antonio _____ from Bolivia.   7. The students _____ from Puerto Rico.

4. We _____ from Honduras.   8. Esmeralda _____ from the United States.

📖 Resumen del capítulo 1

Sustantivos

▸ Un *sustantivo (noun)* es una persona, lugar, animal o cosa.

▸ Un sustantivo puede ser *singular* o *plural*. Un *sustantivo singular (singular noun)* se refiere a un solo sustantivo (persona, lugar, animal o cosa). Un *sustantivo plural (plural noun)* se refiere a más de un sustantivo. Tanto en español como en inglés, por lo general se le agrega una **s** a un sustantivo para que sea plural.

Pronombres

▸ Un *pronombre (pronoun)* es una palabra que puedes usar para reemplazar el sustantivo.

▸ En inglés, un *pronombre personal (subject pronoun* o *personal pronoun)* es un pronombre que toma el lugar de un sustantivo que es el sujeto de la oración.

▸ Los siguientes son los pronombres personales en inglés, con la traducción al español:

Pronombres personales	
I (yo)	**we** (nosotros, nosotras)
he (él)	**you** (tú, usted, ustedes)
she (ella)	**they** (ellos, ellas)
it	

Verbos

▸ Un *verbo (verb)* es una palabra que habla de una acción o del estado actual de las cosas.

Sujetos

▸ El *sujeto (subject)* de una oración es la persona o cosa a la que se refiere la oración.

El verbo to be

▸ El verbo más común en inglés es to be (ser y estar). El verbo to be se conjuga de la siguiente manera:

I am	**we** are
he is, **she** is	**you** are
it is	**they** are

El artículo the

▸ The significa el, la, los y las.

Oraciones en inglés

▸ Las oraciones en inglés siempre tienen un sujeto y un verbo.

▸ Las oraciones en inglés que aprendiste en el capítulo 1 tienen la siguiente estructura:

Sujeto (sustantivo o pronombre)	Verbo **to be** (ser o estar)	Localidad
I (Yo)	**am** (soy)	**from La Paz.** (de La Paz.)
Luis	**is** (eres)	**from Bogota.** (de Bogotá.)
We (Nosotros, Nosotras)	**are** (somos)	**from Caracas.** (de Caracas.)

✍️ ¡Más ejercicios!

P1.a Actividades: Transforma cada sustantivo en plural. El primero ya está hecho.

1. son _____sons_____

2. plant _____

3. car _____

4. boy _____

5. book _____

6. chair_____

7. teacher _____

8. girl _____

P1.b Actividades: Escribe **S** después del sustantivo si es singular y **P** si es plural. Los primeros dos ya están hechos.

1. dogs   P

2. cat   S

3. store _____

4. stores _____

5. chair _____

6. car _____

7. book _____

8 chairs _____

9. books _____

10. girl _____

11. table _____

12. cars _____

13. dog _____

14. cats _____

15. house _____

16. teachers _____

P1.c Actividades: Haz una raya debajo del sujeto de la oración y dos rayas debajo del verbo, ser o estar. La primera ya está hecha.

1. <u>Mi hermana</u> <u>está</u> feliz.

2. Ellos son amigos.

3. El libro es de Benito.

4. Ella está en su casa.

5. Enrique es el capitán.

6. Nosotros estamos aquí.

7. La fiesta es en el parque.

8. Las mujeres son muy bonitas.

9. Él es de los Estados Unidos.

10. Las maestras están en la oficina.

P1.d Actividades: Traduce estos pronombres personales del español al inglés. El primero ya está hecho.

1. ellos _____they_____

2. yo _____

3. nosotras _____

4. usted _____

5. ella _____

6. él _____

7. ustedes _____

8. ellas _____

9. nosotros _____

10. tú _____

P1.e Actividades: Escribe la forma correcta del verbo **to be** (**am, is** o **are**). La primera ya está hecha.

1. He __is__ from Sinaloa.
2. We _____ from Nayarit.
3. Antonio _____ from Yucatan.
4. Lilia and Jose _____ from Guerrero.
5. They _____ from Campeche.
6. You _____ from Santo Domingo.
7. The brothers _____ from Tobasco.
8. Alejandro _____ from Guanajuato.
9. Obdula _____ from Colima.
10. Sara _____ from Havana.
11. I _____ from Mexico City.
12. The teacher _____ from Zacatecas.
13. The students _____ from the USA.
14. Mr. Lopez _____ from Coahuila.
15. I _____ from Quintana Roo.
16. My boyfriend (novio) _____ from Tamaulipas.
17. My girlfriend (novia) _____ from Hidalgo.
18. You _____ from Aguascalientes.
19. She _____ from Baja California Sur.
20. I _____ from San Juan.

P1.f Actividades: En cada oración, cambia el sujeto del singular al plural. Luego cambia el verbo para que la oración sea correcta. La primera ya está hecha.

1. The girl is from Mexico.   The girls are from Mexico.
2. The boy is from Puerto Rico.   _____
3. The teacher is from Guatemala.   _____
4. The girl is from Bolivia.   _____
5. The doctor is from El Salvador.   _____
6. The student is from San Francisco.   _____

P1.g Actividades: En cada línea, una oración es correcta y una es incorrecta. Tacha la oración **incorrecta**. La primera ya está hecha.

1a. ~~I am Chicago.~~
1b. I am from Chicago.
2a. Ernesto is from Guadalajara.
2b. Ernesto he is from Guadalajara.
3a. Louisa and Anita from LA.
3b. Louisa and Anita are from LA.
4a. Is from Guatemala City.
4b. He is from Guatemala City.
5a. Lisa is from Haiti.
5b. Lisa she is from Haiti.
6a. We are from Caracas.
6b. We from Caracas.
7a. I from Mexico City.
7b. I am from Mexico City.
8a. Louisa she is from Guadalupe.
8b. Louisa is from Guadalupe.
9a. He from the United States.
9b. He is from the United States.
10a. My brother is from Boston.
10b. My brother he from Boston.

P1.h Actividades: Escribe de nuevo la oración y reemplaza las palabras subrayadas con un pronombre (**he, she** o **they**). La primera ya está hecha.

1. <u>The girls</u> are from New York.   They are from New York.

2. <u>The girl</u> is from Panama.

3. <u>My brothers</u> are from Brazil.

4. <u>My father</u> is from Argentina.

5. <u>The teachers</u> are from Santiago.

6. <u>Miguel and Carlos</u> are from Las Vegas.

7. <u>Martin</u> is from the United States.

8. <u>My mother</u> is from Mexico City.

P1.i Actividades: Traduce las siguientes oraciones al inglés.

1. Ella es de Nicaragua.   She is from Nicaragua.

2. Nosotros somos de San Diego.

3. Las niñas son de Chicago.

4. La maestra es de Guadalajara.

5. Ellos son de Cancún.

6. Los estudiantes son de Bogotá.

7. Yo soy de San Francisco.

8. Los maestros son de Havana.

Capítulo 2

I am a cook.
(Soy cocinero.)

En este capítulo aprenderás a hablar en inglés sobre tu trabajo. También usarás adjetivos como **tall** (alto) y **handsome** (guapo) para describir gente que conoces.

Al finalizar este capítulo, podrás:

- Distinguir entre **a** y **an**
- Decirle a la gente cuál es tu trabajo
- Usar adjetivos para describir gente y objetos
- Usar el pronombre **it**
- Usar adjetivos demostrativos para reconocer el sustantivo del que estás hablando

En el capítulo 1 aprendiste acerca de la importancia de la palabra **the**. En este capítulo aprenderás a usar **a** y **an** antes de sustantivos singulares. A continuación hay dos ejemplos:

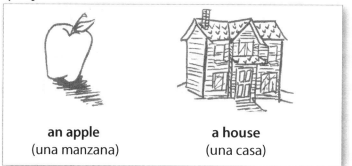

an apple
(una manzana)

a house
(una casa)

Receta de gramática: Para decidir si debes usar **a** o **an**, sigue estas reglas:

▶ Si el sustantivo que le sigue empieza con una *vocal*, debes usar **an**. Las vocales en inglés son **a, e, i, o** y **u**. Se dice **an apple** (una manzana) porque **apple** empieza con **a**, que es una *vocal*.

▶ Si el sustantivo que le sigue empieza con una *consonante*, debes usar **a** (una *consonante* es una letra que no es una vocal). En inglés, las consonantes son **b, c, d, f, g, h, j, k, l, m, n, p, q, r, s, t, v, w, x, y** y **z**. Se dice **a book** (un libro) porque **book** empieza con **b**, que es una consonante.

¿Cuál es la razón por la cual existen estas reglas? Es más fácil pronunciar **an apple** que pronunciar **a apple**.

A continuación hay ejemplos del uso de **an**:

an apple (una manzana)	**an egg** (un huevo)
an opera (una ópera)	**an artist** (un artista, una artista)

A continuación hay ejemplos del uso de **a**:

a book (un libro)	**a teacher** (un maestro, una maestra)
a boy (un niño)	**a girl** (una niña)

Resumen de gramática

Las palabras **a**, **an** y **the** se llaman artículos. ¡Has aprendido los artículos en el idioma inglés! Son los siguientes:

▶ **the** (el, la, los, las)

▶ **a, an** (un, una)

2.1.a Actividades: Escribe **V** si la letra es una vocal y **C** si la letra es una consonante.

1. a V	6. o ____	11. b ____	16. e ____
2. d C	7. q ____	12. w ____	17. n ____
3. g ____	8. s ____	13. i ____	18. p ____
4. j ____	9. u ____	14. c ____	19. k ____
5. m ____	10. t ____	15. f ____	20. l ____

2.1.b Actividades: Escribe **a** o **an** según corresponda de acuerdo a los siguientes sustantivos singulares.

1. _a_ book	6. ____ dog	11. ____ table	16. ____ teacher
2. ____ airplane	7. ____ egg	12. ____ doctor	17. ____ eraser
3. ____ apple	8. ____ store	13. ____ orange	18. ____ nurse
4. ____ girl	9. ____ artist	14. ____ car	19. ____ opera
5. ____ man	10. ____ cat	15. ____ chair	20. ____ school

2.1.c Actividades: Una de las oraciones en cada línea no es correcta. Tacha la oración **incorrecta**.

1a. ~~a egg~~	1b. an egg
2a. a book	2b. an book
3a. a opera	3b. an opera
4a. a chair	4b. an chair
5a. a student	5b. an student
6a. a apple	6b. an apple

2.1.d Actividades: Traduce estas frases.

1. el gato _the cat_	9. las tiendas ____
2. un gato ____	10. la tienda ____
3. la casa ____	11. una tienda ____
4. una casa ____	12. la silla ____
5. un maestro ____	13. una niña ____
6. el maestro ____	14. la niña ____
7. los maestros ____	15. las niñas ____
8. los gatos ____	16. una silla ____

El uso de *a* y *an* para hablar de tu trabajo

En esta sección aprenderás a hablar en inglés sobre tu trabajo. Lee las siguientes conversaciones.

*¿Cuál es tu trabajo?
**Soy cocinero. Yo soy cocinera.

*¿Qué haces?
**Soy artista. Yo soy artista.

En español, nunca se usa un o una antes de nombrar un trabajo. Se dice:

► Yo soy cocinero.

En inglés, se debe incluir **a** o **an** antes de nombrar un trabajo cuando el sujeto de la oración es singular.

► I am **a** cook.

Estudia esta lista de trabajos. Usarás este vocabulario en los ejercicios en la siguiente página.

Vocabulario: Trabajos	
artist (artista)	**lawyer** (abogado, abogada)
cashier (cajero, cajera)	**nurse** (enfermero, enfermera)
construction worker (albañil)	**babysitter** (niñera)
cook (cocinero, cocinera)	**salesperson** (vendedor, vendedora)
homemaker (ama de casa)	**teacher** (maestro, maestra)
engineer (ingeniero, ingeniera)	**waiter** (mesero)
gardener (jardinero, jardinera)	**waitress** (mesera)

En inglés, los nombres de los trabajos no cambian de acuerdo a si la persona que lo hace es un hombre o una mujer. Por ejemplo, **teacher** puede ser un hombre o una mujer. Lo mismo ocurre con **lawyer, doctor, cook** y así sucesivamente. La excepción en esta lista es **waiter** y **waitress**. **Waiter** es casi siempre un hombre y **waitress** es siempre una mujer.

👁 ¡**Cuidado!** Debes usar **a** al hablar de tu trabajo. No debes usar **a** al decir de dónde eres.

2.2.a Actividades: Usa **a** o **an** para completar cada oración.

1. I am __a__ gardener.
2. She is _____ teacher.
3. Sam is _____ engineer.
4. Anna is _____ waitress.
5. Peter is _____ waiter.
6. Laura is _____ artist.
7. My (Mi) mother is _____ lawyer.
8. I am _____ doctor.
9. Armida is _____ cashier.
10. He is _____ construction worker.
11. Myra is _____ cook.
12. My sister is _____ homemaker.
13. Benito is _____ artist.
14. Eva is _____ salesperson.
15. Angi is _____ waitress.
16. My father is _____ waiter.

2.2.b Actividades: Traduce las siguientes oraciones. Recuerda usar **a** o **an** antes del trabajo

1. Yo soy médico.   I am a doctor.
2. Anna es cajera.
3. Juan es maestro.
4. Mi hermano es mesero.
5. Juan es albañil.
6. Él es ingeniero.
7. María es de Cuba.
8. Lucas es vendedor.
9. Lily es vendedora.
10. Sandra es ama de casa.
11. Yo soy niñera.
12. Mi madre es ingeniera.

2.2.c Actividades: Una de las oraciones en cada línea no es correcta. Tacha la oración **incorrecta**.

1a. I am a doctor.
1b. ~~I am an doctor~~.

2a. Anna is a artist.
2b. Anna is an artist.

3a. Caroline is a doctor.
3b. Caroline is an doctor.

4a. Marco is a engineer.
4b. Marco is an engineer.

5a. Tom is from San Pablo.
5b. Tom is from a San Pablo.

6a. Laura is a nurse.
6b. Laura is an nurse.

Ya sabes cómo hablar de tu trabajo. Ahora imagínate que quieres hablar del trabajo de otras personas. Observa estos dibujos.

*Mi hermana es médica.   *Mis hermanos son músicos.

En el primer dibujo fíjate que debes usar el artículo **a** porque el sustantivo que le sigue, **médica**, es singular. Fíjate en lo siguiente:

- ▶ **Musicians** es plural porque estás hablando sobre más de un músico.

- ▶ Aquí no necesitas **a** o **an** porque **musicians** es plural.

Regla de gramática: Nunca debes usar **a** o **an** antes de un sustantivo plural.

Este gráfico te muestra la estructura de las oraciones sobre el trabajo.

Subject (noun or pronoun)	Verb to be	a or an	Occupation
I	am	a	nurse.
María	is	an	engineer.
María and Jose	are		nurses.
They	are		engineers

Este gráfico te muestra ejemplos de oraciones correctas y de oraciones incorrectas. ¿Sabes por qué las oraciones en la columna derecha son incorrectas?

Oraciones correctas	Oraciones incorretas
They are waiters. (Ellos son meseros.)	~~They are a waiters.~~
Peter and Paul are waiters. (Peter y Paul son meseros.)	~~Peter and Paul are a waiters.~~

2.3.a Actividades: Una de las oraciones en cada línea no es correcta. Tacha la oración incorrecta.

1a. They are waiters.	1b. ~~They are a waiters~~.
2a. Anna and Amy are artist.	2b. Anna and Amy are artists.
3a. Coco and Adam are teachers.	3b. Coco and Adam are teacher.
4a. They are a engineers.	4b. They are engineers.
5a. Tom is a nurse.	5b. Tom is nurse.
6a. Miguel and Anna are cooks.	6b. Miguel and Anna are cook.
7a. He is a engineer.	7b. He is an engineer.
8a. They are artists.	8b. They are a artists.

2.3.b Actividades: En cada oración, cambia el sujeto del singular al plural. Luego cambia el resto de la oración para que sea correcta.

1. He is a doctor.   They are doctors.

2. He is a student.   _____

3. She is a nurse.   _____

4. He is a teacher.   _____

5. The girl is a student.   The girls are students.

6. The boy is a student.   _____

7. The girl is an artist.   _____

8. The boy is an artist.   _____

2.3.c Actividades: Traduce las siguientes oraciones. Recuerda: Si el sujeto es singular, debes usar **a** o **an** antes del trabajo. Si el sujeto es plural, no debes usar **a** o **an** antes del trabajo.

1. Ellos son ingenieros.   They are engineers.

2. Ellas son cajeras.   _____

3. Martín y (and) Amanda son artistas.   _____

4. Mi hermana es mesera.   _____

5. Juana y Adam son cocineros.   _____

6. Soy cocinero.   _____

7. Louisa es artista.   _____

8. Luis es vendedor.   _____

9. Lily y Chelsea son enfermeras.   _____

10. Sandra y Ramón son estudiantes.   _____

Un *adjetivo* es una palabra que modifica o describe un sustantivo o pronombre. Algunos ejemplos de adjetivos son inteligente, guapo, bonito, rojo, caliente y fuerte. En las siguientes oraciones, los adjetivos están en **negrita**.

► La casa es **bonita**.

► Estoy **enferma**.

► Los niños son **traviesos**.

Antes de aprender a usar adjetivos en oraciones, toma unos minutos y aprende estos adjetivos.

tall (alto, alta, altos, altas)
short (bajo, baja, bajos, bajas)

thin (delgado, delgada, delgados, delgadas
heavy (gordo, gorda, gordos, gordas)

beautiful*, pretty* (bonito, bonita, bonitos, bonitas)

***Pretty** y **beautiful** se usan al hablar de mujeres y **handsome** se usa al hablar de hombres. El opuesto de **pretty** y **beautiful** es **ugly** (feo, fea, feos y feas).

Estos adjetivos se usan para describir otras características de las personas.

Vocabulario: Más adjetivos para describir personas

happy	feliz, felices
sad	triste, tristes
intelligent	inteligente, inteligentes
hardworking	trabajador, trabajadora, trabajadores, trabajadoras
lazy	flojo, floja, flojos, flojas
good	buen, bueno, buena, buenos, buenas
bad	mal, malo, mala, malos, malas
healthy	saludable, saludables
sick	enfermo, enferma, enfermos, enfermas
tired	cansado, cansada, cansados, cansadas
young	joven, jóvenes
old	viejo, vieja, viejos, viejas

2.4.a Actividades: Traduce estos adjetivos al español.

1. young __joven__

2. heavy _____

3. thin _____

4. happy _____

5. sad _____

6. beautiful _____

7. ugly _____

8. young _____

9. old _____

10. healthy _____

11. sick _____

12. tired _____

2.4.b Actividades: Traduce estos adjetivos al inglés.

1. alto __tall__

2. bajo/chaparro __short__

3. joven _____

4. vieja _____

5. delgado _____

6. gordos _____

7. guapo _____

8. bonitas _____

2.4.c Actividades: Escribe el adjetivo opuesto a cada uno de los siguientes adjetivos.

1. good __bad__

2. hardworking _____

3. thin _____

4. ugly _____

5. heavy _____

6. sad _____

7. tall _____

8. beautiful _____

9. healthy _____

10. happy _____

11. short _____

12. handsome _____

13. bad _____

14. lazy _____

15. sick _____

16. young _____

2.4.d Actividades: Usa tu vocabulario nuevo en los siguientes ejercicios.

1. Escribe tres adjetivos que te describen a ti. _____

2. Escribe tres adjetivos que describen a tu madre. _____

3. Escribe tres adjetivos que describen a tu mejor amigo or amiga. _____

_____

2.5   El uso de adjetivos

Estás listo para empezar a usar los adjetivos que aprendiste en inglés, pero antes es importante que entiendas algunas diferencias entre el uso de los adjetivos en español y en inglés.

En español, la terminación de un adjetivo cambia de acuerdo a si el sustantivo que describe es masculino o femenino, y a si es singular o plural. Cuando hablas de una mujer, el adjetivo que la describe por lo general termina en a. Por ejemplo:

▸ María está **cansad<u>a</u>**.

Cuando hablas de un hombre, el adjetivo que lo describe por lo general termina en o. Por ejemplo:

▸ Frank está **cansad<u>o</u>**.

Un adjetivo termina en s cuando se refiere a dos o más personas o cosas. Por ejemplo,

▸ Frank y Ernesto están **cansados**.

▸ Anna y Emma están **cansadas**.

En inglés es fácil escribir adjetivos porque las terminaciones de los adjetivos nunca cambian. Observa los siguientes dibujos.

*María está cansada.

*Frank está cansado.

*María y Frank están cansados.

Como puedes ver, el adjetivo, **tired**, se escribe de la misma forma en todas las oraciones.

Este gráfico te muestra la estructura de las oraciones en inglés que tienen el verbo **to be** y un adjetivo.

Sujeto (sustantivo o pronombre)	Verbo **to be**	Adjetivo
I	am	tired.
Luis	is	tired.
The students	are	tired.

2.5.a Actividades: En cada línea, una oración es correcta y una es incorrecta. Tacha la oración **incorrecta**. (Recuerda que en inglés nunca se les agrega s a los adjetivos.)

1a. ~~My sisters are sads.~~

1b. My sisters are sad.

2a. They are intelligent.

2b. They are intelligents.

3a. We are olds.

3b. We are old.

4a. The girls are beautiful.

4b. The girls are beautifuls.

5a. The dogs are uglys.

5b. The dogs are ugly.

6a. My father is young.

6b. My father is youngs.

2.5.b Actividades: En cada oración, cambia el sujeto del singular al plural. Luego cambia el verbo para que la oración sea correcta.

1. The girl is tired. ⟶ The girls are tired.

2. The teacher is happy. ⟶ The teachers are happy.

3. The doctor is handsome.

4. The nurse is hardworking.

5. The lawyer is intelligent.

6. The waiter is young.

7. The engineer is beautiful.

8. The cook is thin.

2.5.c Actividades: Traduce las siguientes oraciones

1. Martha es joven. ⟶ Martha is young.

2. Los estudiantes son inteligentes. ⟶ The students are intelligent.

3. Martín es gordo.

4. Los jardineros están enfermos.

5. Yo estoy cansada.

6. La maestra es bonita.

7. Los cajeros son flojos.

8. Las niñeras están felices.

9. Las abogadas son trabajadoras.

10. Yo soy alta.

11. Ernesto es viejo.

12. Luis es joven.

Hasta ahora, todas las oraciones en inglés que has escrito han sido sobre personas. Ahora imagínate que quieres hablar de tu casa o de tu carro o de tu trabajo. El pronombre personal que debes usar al hablar de una cosa o animal es **it**. Este pronombre personal no existe en español. Estudia la siguiente conversación.

*¡Dónde está la llave? **Está en la mesa.

Fíjate que no hay una palabra para decir **it** en la oración en español. En inglés, el uso de **it** es obligatorio. El siguiente cuadro te muestra ejemplos de oraciones con el uso de **it** de manera correcta y ejemplos de oraciones en las que no aparece **it**, cuando tendría que aparecer.

Oraciones correctas	Oraciones incorrectas
It is on the table. (Está en la mesa.)	~~Is on the the table.~~
My car is broken. **It** is old. (Mi carro está roto. Es viejo.)	My car is broken. ~~Is old.~~

Al hablar de un animal, puedes usar **it, he** o **she**. Mucha gente usa **he** o **she** para hablar de una mascota, como un perro o gato, y usan **it** para hablar de un animal con el que no conviven todos los días.

Los colores también son adjetivos

Uno de los tipos de adjetivos más comunes son los colores. Estudia este cuadro.

Vocabulario: Colores			
red	rojo, roja, rojos, rojas	**purple**	morado, morada, morados, moradas
yellow	amarillo, amarilla, amarillos, amarillas	**brown**	café, cafés, marrón, marrones
green	verde, verdes	**black**	negro, negra, negros, negras
blue	azul, azules	**white**	blanco, blanca, blancos, blancas
orange	naranja, naranjas, anaranjado, anaranjada, anaranjados, anaranjadas	**gray**	gris, grises

2.6.a Actividades: Traduce cada color.

1. azul _blue_

2. rojo _____

3. blanco _____

4. negro _____

5. naranja _____

6. morado _____

7. café _____

8. amarillo _____

9. verde _____

10. gris _____

2.6.b Actividades: Escribe el pronombre (**it, he** o **she**) que puedes usar para reemplazar cada sustantivo.

1. the book _it_

2. Mario _____

3. the table _____

4. Anna _____

5. the girl _____

6. the boy _____

7. the store _____

8. the house _____

9. Lucas _____

10. Beatrice _____

11. the chair _____

12. the egg _____

2.6.c Actividades: Reemplaza cada una de las palabras subrayadas con el pronombre **it, he** o **she**.

1. The car is red.   It is red.

2. The table is black and white.

3. Anna is tired.

4. The book is expensive (caro).

5. The chair is blue.

6. My father is tall.

7. The car is green.

8. Elizabeth is happy.

9. The store is dirty (sucio).

10. The dress (vestido) is yellow and purple.

2.6.d Actividades: Una de las oraciones en cada línea no es correcta. Tacha la oración **incorrecta.**:

1a. ~~Is big.~~

1b. It is big.

2a. It is a book.

2b. Is a book.

3a. She is from New York.

3b. Is from New York.

4a. Is a doctor.

4b. He is a doctor.

5a. Is a student.

5b. She is a student.

6a. It is new.

6b. Is new.

El uso de *it* y *they*

En la sección anterior aprendiste que se debe usar el pronombre **it** para hablar de un objeto, como un libro o una silla. Ahora imagínate que quieres hablar sobre más de un objeto. En ese caso, debes usar el pronombre **they**, el mismo pronombre que usas al referirte a más de una persona.

A continuación hay un ejemplo de una oración en la que se usa el pronombre **they** para hablar sobre más de un objeto.

> ▶ The dresses are new. **They** are beautiful. (Los vestidos son nuevos. Son bonitos.)

Comparemos el inglés con el español: En español es común escribir una coma al final de una oración escrita que es corta. En inglés, <u>se debe</u> escribir un punto al final de cualquier oración escrita corta.

El siguiente cuadro te muestra ejemplos de oraciones con el uso de los pronombres **it** y **they** de manera correcta y ejemplos de oraciones en las que no aparecen, cuando tendrían que aparecer.

Oraciones correctas	Oraciones incorrectas
They are broken. (Están rotos.)	~~Are broken~~.
They are from Chicago. (Ellos son de Chicago.)	~~Are from Chicago~~.
It is new. (Es nuevo.)	~~Is new~~.

Estos dibujos te muestran otros adjetivos comunes que puedes usar para describir objetos a tu alrededor.

small (pequeño, pequena, pequeños, pequeñas
big, large (gran, grande, grandes)

new (nuevo, nueva, nuevos, nuevas)
old (viejo, vieja, viejos, viejas)

cheap (barato, barata, baratos, baratas)
expensive (caro, cara, caros, caras)

Vocabulario: Más adjetivos	
broken	roto, rota, rotos, rotas
clean	limpio, limpia, limpios, limpias
dirty	sucio, sucia, sucios, sucias

2.7.a Actividades: Escribe el adjetivo opuesto a cada uno de los siguientes adjetivos.

1. old ___new___

2. beautiful _____

3. cheap _____

4. young _____

5. big _____

6. happy _____

7. tall _____

8. black _____

9. small _____

10. thin _____

2.7.b Actividades: Escribe el pronombre (**it, he, she** o **they**) que puedes usar para reemplazar

1. the book ___it___

2. the books _____

3. the table _____

4. the tables _____

5. the girl _____

6. the girls _____

7. the stores _____

8. the houses _____

9. the lawyers _____

10. Benjamin _____

11. the artists _____

12. the dress _____

13. Susan _____

14. the chairs _____

15. the brothers _____

2.7.c Actividades: Elige usar **it** o **they**.

1. The chair is new. ___It___ is yellow and *(y)* blue.

2. The chairs are new. _____ are yellow and blue.

3. The dress is from Guatemala. _____ is beautiful.

4. The dresses are from Italy. _____ are pretty.

5. The car is old. _____ is broken.

6. The houses are new. _____ are big.

2.7.d Actividades: Traduce las siguientes oraciones. Asegúrate de que tus respuestas sean exactamente iguales a las respuestas en el Apéndice A.

1. El libro es nuevo. Es interesante.   ___The book is new. It is interesting.___

2. La casa es grande. Es bonita.   _____

3. Los vestidos son caros. Son de París.   _____

4. El carro es viejo. Está roto.   _____

5. La silla es naranja. Es fea.   _____

2.8   Adjetivos demostrativos

Ahora ya sabes que un adjetivo es una palabra que modifica o describe un sustantivo o pronombre. En inglés, un adjetivo demostrativo es un adjetivo que explica si una cosa o persona se encuentra cerca o lejos de ti.

Observa esta oración:

▶ **This** book is interesting. (**Este** libro es interesante.)

This (este) es un adjetivo demostrativo porque nos hace notar que el libro está cerca.

Los dibujos a continuación te muestra los adjetivos demostrativos.

<u>this</u> car
(este carro)

<u>these</u> cars
(estos carros)

<u>that</u> car
(ese carro)

<u>those</u> cars
(esos carros)

Fíjate en lo siguiente:

▶ Debes usar **this** y **that** antes de sustantivos singulares, y **these** y **those** antes de sustantivos plurales.

▶ Debes usar **this** y **these** para hablar de objetos que están cerca de ti, y **that** y **those** para hablar de objetos que están más lejos de ti.

▶ En inglés no existen adjetivos demostrativos que se usen como los adjetivos demostrativos en español aquel, aquella, aquellos, aquellas y aquello. Simplemente se dice **over there**. Por ejemplo, si estás señalando hacia el carro nuevo de tu amigo que está del otro lado del estacionamiento, puedes decir

The car over there is new. (Aquel carro es nuevo.)

La siguiente lista introduce vocabulario que es útil para estudiantes. Usarás estas palabras en el próximo ejercicio.

Vocabulario: Materiales para la escuela	
backpack (mochila)	**notebook** (cuaderno)
pencil (lápiz)	**textbook** (libro de texto)
eraser (borrador)	**dictionary** (diccionario)
pen (bolígrafo)	

2.8.a Actividades: Observa las imágenes. Luego completa las oraciones con **this, that, these** o **those**.

1. _This_ is my dictionary.

2. _____ are my pencils.

3. _____ is my pen.

4. _____ is my eraser.

5. _____ are my notebooks.

6. _That_ is my dog.

7. _____ is my sister.

8. _____ are my parents. *(padres)*

9. _____ is my grandmother. *(abuela)*

10. _____ are my relatives. *(parientes)*

2.8.b Actividades: Una de las oraciones en cada línea no es correcta. Tacha la oración **incorrecta.**

1a. This dress is beautiful.

2a. This boy is my brother.

3a. These book is good.

4a. Those boys are from Laos.

5a. That girls are my daughter.

6a. These pencil is broken.

7a. That teacher is hardworking.

8a. Those textbooks are heavy.

1b. ~~These dress is beautiful.~~

2b. These boy is my brother.

3b. This book is good.

4b. That boys are from Laos.

5b. Those girls are my daughters.

6b. This pencil is broken.

7b. Those teacher is hardworking.

8b. That textbooks are heavy.

2.8.c. Actividades: Traduce las siguientes oraciones.

1. Esta casa está limpia. This house is clean.

2. Estas casas son bonitas.

3. Esa tienda es grande.

4. Esas mesas están baratas.

5. Ese hombre es muy (very) alto.

6. Este diccionario es bueno.

7. Esas mochilas son caras

8. Este libro es interesante.

9. Esta mujer es maestra.

10. Estos niños son grandes.

El pronombre **we** (nosotros y nosotras) se usa para hablar de ti y una o más personas, sean hombres o mujeres. Por ejemplo, si eres una mujer y hablas de ti y tu mejor amiga, Angélica, puedes decir

▸ **We** are from Morelia. (Somos de Morelia. **Nosotras** somos de Morelia.)

Si eres un hombre y hablas de ti y tu mejor amigo, Luis, también puedes decir

▸ **We** are from Morelia. (Somos de Morelia. **Nosotros** somos de Morelia.)

A veces, en lugar de usar el pronombre we, usarás el nombre de la persona. Por ejemplo,

▸ **Angelica and I** are from Morelia. (**Angélica y yo** somos de Morelia.)

Hay varias cosas importantes a tener en cuenta en esta oración:

▸ Se usa el verbo **are** porque hablas acerca de más de una persona.

▸ El pronombre **I** está escrito con letra mayúscula a pesar de no ser la primera palabra de la oración. Los demás pronombres personales (**you, he, she, it, we** y **they**) se escriben con mayúscula solamente cuando son la primera palabra de la oración.

▸ Al hablar de ti y una o más personas, primero debes nombrar a las otras personas. Entonces, debes empezar la oración con **Angelica**, y no con **I**.

Oraciones sin sujeto

En inglés, no es correcto decir

▸ ~~Are from Morelia.~~ (Somos de Morelia.)

Puedes decir

▸ **Luis and I** are from Morelia. (Luis y yo somos de Morelia.)

▸ **We** are from Morelia. (Somos de Morelia. Nosotros somos de Morelia.)

Oraciones con un sujeto que se repite

No es correcto decir

▸ ~~Luis and I we are from Morelia.~~ (~~Luis y yo nosotros somos de Morelia.~~)

Esta oración no es correcta porque no se pueden usar al mismo tiempo un sustantivo y un pronombre para el mismo sujeto. Puedes decir

▸ **Luis and I** are from Morelia. (Luis y yo somos de Morelia.)

o

▸ **We** are from Morelia. (Somos de Morelia. Nosotros somos de Morelia.)

2.9.a Actividades: Escribe el pronombre (**he, she, we** o **they**) que puedes usar para reemplazar cada sustantivo.

1. Sam and I _____we_____

2. the boys _____

3. Lisa and I _____

4. the girls and I _____

5. the teachers _____

6. the teacher and I _____

7. Caroline and Elliot _____

8. Heidi and Ben _____

9. Chelsea _____

10. Anna and I _____

11. Maria and Dale _____

12. the doctors _____

13. the construction workers _____

14. Bernardo and I _____

15. The girl _____

16. the doctor and I _____

17. Marian and Phil _____

18. The babysitters _____

19. The lawyer and the doctor _____

20. My brother _____

2.9.b Actividades: Completa cada oración con **we** o **they**, según corresponda.

1. Susan and I are friends. ___We___ are from Mexico City.

2. The boys are construction workers. _____ are tired.

3. The dresses are from Guatemala. _____ are beautiful.

4. Anna and I are tired. _____ are teachers.

5. The cars are old. _____ are broken.

6. The houses are new. _____ are big.

7. Angi, Lucas and I are from London. _____ are engineers.

8. My sisters and I are homemakers. _____ are hardworking.

2.9.c Actividades: Una de las oraciones en cada línea no es correcta. Tacha la oración **incorrecta**.

1a. ~~Bob and I we are from Reno.~~

2a. Lisa and I are from Leon.

3a. We from Seattle.

4a. We are doctors.

5a. Are students.

6a. Sam and I we are tired.

7a. I and Bruce are in love.

8a. Max and I are doctors.

1b. Bob and I are from Reno.

2b. Lisa and I we are from Leon.

3b. We are from Seattle.

4b. We doctors.

5b. We are students.

6b. Sam and I are tired.

7b. Bruce and I are in love.

8b. Max and I we are doctors.

A y an: A y **an** se usan al hablar de sustantivos singulares.

▶ Si el sustantivo que le sigue empieza con una *vocal (vowel)*, debes usar an. Las vocales en inglés son **a, e, i, o** y u. Por ejemplo: **an apple**.

▶ Si el sustantivo que le sigue empieza con una *consonante (consonant)*, debes usar a. (Una consonante es una letra que no es una vocal.) En inglés, las consonantes son **b, c, d, f, g, h, j, k, l, m, n, p, q, r, s, t, v, w, x, y** y **z**. Por ejemplo: **a tree**.

▶ En inglés, <u>siempre</u> se debe incluir **a** o **an** antes de nombrar un trabajo cuando el sujeto de la oración es singular. <u>Nunca</u> debes usar **a** o **an** antes de un sustantivo plural.

Artículos: Los artículos son palabras que usamos con frecuencia se encuentran antes de los sustantivos. En inglés, los artículos son **a, an** y **the**.

Artículos	
a, an	un, una
the	el, la, los, las

Adjetivos: Un *adjetivo (adjective)* es una palabra que modifica o describe un sustantivo o pronombre. Algunos ejemplos de adjetivos son **big** (grande) y **blue** (azul). En inglés, las terminaciones de los adjetivos nunca cambian (esto es distinto al español).

Sujeto (sustantivo o pronombre)	Verbo **to be**	Adjetivo
I	am	<u>tired</u>.
Luis	is	<u>tired</u>.
We	are	<u>tired</u>.

It y they: Usa el pronombre **it** para hablar de una cosa o animal. Usa el pronombre **they** para referirte a más de una cosa, animal o persona. Si quieres hablar de un carro nuevo, dices

▶ **It** is new. (Es nuevo.)

Si quieres hablar de varios carros, dices

▶ **They** are new. (Son nuevos.)

We: Usa el pronombre **we** para significar nosotros/nosotras, es decir, **we** significa yo y una o mas personas.

▶ **We** are from New York. (Nosotros somos de Nueva York.)

Si quieres hablar de ti y otra persona, y usar su nombre, dices

▶ **Bernard and I** are from New York. (Bernard y yo somos de Nueva York.)

This, that, these y those

Adjetivos demostrativos	
this car (este carro)	**that** car (ese carro)
these cars (estos carros)	**those** cars (esos carros)

¡Más ejercicios!

P2.a Actividades: Escribe **a** o **an** según corresponda antes de los siguientes sustantivos singulares.

1. a   chair
2. _____ egg
3. _____ apple
4. _____ table

5. _____ artist
6. _____ car
7. _____ student
8. _____ orange

9. _____ engineer
10. _____ job
11. _____ nurse
12. _____ opera

P2.b Actividades: Escribe **a** o **an** según corresponda para completar las siguientes oraciones.

1. I am __a__ teacher.
2. She is _____ cashier.
3. Sam is _____ engineer.
4. Anna is _____ artist.
5. Peter is _____ cook.
6. Laura is _____ artist.
7. My mother is _____ salesperson.

8. I am _____ engineer.
9. Alba is _____ babysitter.
10. He is _____ construction worker.
11. Francisco is _____ waiter.
12. Miguel is _____ cook.
13. Lucy is _____ homemaker.
14. Emma is _____ engineer.

P2.c Actividades: Una de las oraciones en cada línea no es correcta. Tacha la oración **incorrecta**.

1a. That book is good.
2a. Bob and Al they are tired.
3a. Those pens are blue.
4a. Lucy and I are happy.
5a. These pens are new.
6a. The boys are at school.
7a. That boy he is tall.
8a. Max is teacher.
9a. They are tired.
10a. My sister she is beautiful.

1b. ~~These books is good.~~
2b. Bob and Al are tired.
3b. That pens are blue.
4b. Lucy and I we are happy.
5b. These pens is new.
6b. The boys they are at school.
7b. That boy is tall.
8b. Max is a teacher.
9b. They are tireds.
10b. My sister is beautiful.

P2.d Actividades: Escribe **S** si la palabra es un sustantivo. Escribe **A** si la palabra es un adjetivo. Recuerda: Un *sustantivo* es una persona, lugar, animal o cosa. Un *adjetivo* es una palabra que modifica o describe un sustantivo o pronombre.

1. beautiful	A	9. sad		17. houses	
2. doctor	S	10. house		18. boy	
3. chair		11. sick		19. chairs	
4. ugly		12. nurse		20. girls	
5. lazy		13. intelligent		21. healthy	
6. dentist		14. red		22. expensive	
7. dress		15. rice (arroz)		23. park (parque)	
8. thin		16. ball (pelota)		24. small	

P2.e Actividades: Escribe el adjetivo opuesto a cada uno de los siguientes adjetivos.

1. bad	good	8. sick	
2. cheap		9. old	
3. heavy		10. black	
4. handsome		11. lazy	
5. clean		12. short	
6. sad		13. happy	
7. tall		14. thin	

P2.f Actividades: Escribe de nuevo la oración y reemplaza cada una de las palabras subrayadas con un pronombre personal (**he, she, we, it** o **they**).

1. The table is new. It is new.

2. The girl is tall.

3. The trees (los árboles) are beautiful.

4. The doctors are from Bolivia.

5. The chairs are blue and white.

6. The car is broken.

7. My sister and I are short.

8. The backpack is yellow.

9. Mario and Danny are tired.

10. My friends and I are hardworking.

11. The chair is purple.

12. The houses are small.

P2.g Actividades: Escribe la forma correcta del verbo to be (**am, is** o **are**).

1. The student __is__ from Sinaloa.

2. We _____ intelligent.

3. Mario and I _____ construction workers.

4. The teachers _____ engineers.

5. That dress _____ purple.

6. It _____ expensive.

7. These dresses _____ new.

8. They _____ expensive.

9. Obdulia and I _____ from Loredo.

10. I _____ tall and thin.

11. Those girls and I _____ from Mexico City.

12. The cars _____ cheap.

P2.h Actividades: En cada una de las siguientes líneas, a la segunda oración le falta una palabra. Escribe de nuevo la **segunda** oración de la manera correcta.

1. The car is blue. Is new.   It is new.

2. The cars are red. Are old.

3. My sister is a student. Is intelligent.

4. My boyfriend is a cook. Is nice.

5. The chairs are new. Are expensive.

P2.i Actividades: Traduce las siguientes oraciones.

1. Susan y yo estamos cansadas.   Susan and I are tired.

2. Enrique y yo somos de Colombia.

3. Ellas son enfermeras.

4. Estos carros son nuevos.

5. Lucy y yo somos trabajadores.

6. Raúl es artista.

7. Este diccionario es bueno.

8. Estos estudiantes son inteligentes.

9. Laura y yo somos de Argentina. Somos ingenieros.

10. La silla y la mesa son nuevas. Son caras.

11. Esos vestidos son bonitos. Son de París.

12. María y Justin son de Sinaloa. Están enamorados. (*in love*)

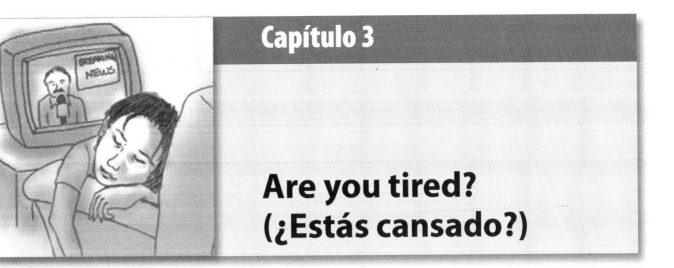

Capítulo 3

Are you tired?
(¿Estás cansado?)

Una conversación es un proceso de ida y vuelta, en el que las personas se turnan para hacer preguntas y responder preguntas. En este capítulo aprenderás a hacer y a responder preguntas simples en inglés. Al finalizar el capítulo, podrás responder preguntas como "¿Estás cansado?", "¿Estás casado?" y hasta "¿Estás enamorado?"

Al finalizar este capítulo, sabrás:

- Usar contracciones
- Escribir oraciones negativas
- Hacer y responder preguntas cerradas (permiten responder sólo SÍ o NO)

Una *contracción* es una palabra que se forma al unir otras dos palabras. Observa estas conversaciones.

¿De dónde eres?   ¿De dónde es Martin?   ¿De dónde es Minerva?
Soy de El México.   Él es de El Salvador.   Ella es de Guatemala.

Fíjate que **I'm** combina las palabras **I** y **am** en una sola palabra, **he's** combina las palabras **he** y **is** en una sola palabra y **she's** combina las palabras **she** y **is** en una sola palabra.

Para formar una contracción con un pronombre personal y el verbo to be

▶ Combina el pronombre (**I, you, he, she, it, we** o **they**) con la forma correspondiente del verbo (**am, is** o **are**) y forma una palabra.

▶ Reemplaza la primera letra del verbo con un apóstrofe (').

Este cuadro te muestra las contracciones formadas con el verbo **to be**.

Contracciones con el verbo to be

I + am	I'm	he + is	he's
you + are	you're	she + is	she's
we + are	we're	it + is	it's
they + are	they're		

Las contracciones siempre se forman con un apóstrofe, nunca con una coma.

▶ ~~I,m tired.~~

También ten en cuenta que no hay un espacio antes del apóstrofo, así que la siguiente oración es incorrecta:

▶ ~~I 'm tired.~~

3.1.a Actividades: Escribe la contracción para cada una de las siguientes palabras.

1. I am ___I'm___   3. He is _____   5. It is _____   7. They are _____

2. You are _____   4. She is _____   6. We are _____

3.1.b Actividades: Escribe de nuevo cada oración con la contracción correspondiente.

1. I am a babysitter.   I'm a babysitter.

2. She is from Brazil.

3. It is expensive.

4. They are healthy.

5. He is my father.

6. You are a nurse.

7. I am lazy.

8. We are old.

3.1.c Actividades: Completa cada oración con una contracción que combine un pronombre personal con **am, is** o **are.**

1. They _'re_ from New York.   7. We _____ tired.

2. He _____ a doctor.   8. They _____ in Mexico.

3. We _____ students.   9. I _____ sad.

4. I _____ a nurse.   10. She _____ an engineer.

5. She _____ a student.   11. They _____ in Las Vegas.

6. It _____ good.   12. We _____ healthy.

3.1.d Actividades: Traduce las siguientes oraciones. Usa una contracción en cada oración.

1. Ella es delgada.   She's thin.

2. Él es ingeniero.

3. Ellos son médicos.

4. Yo soy floja.

5. Ella es de Guadalajara.

6. Ellas son gordas.

3.2   Oraciones negativas

Tanto en inglés como en español, las oraciones pueden ser *afirmativas* o *negativas*. La siguiente es una oración *afirmativa* en español:

▸ Él es de Nicaragua.

Y ésta es una oración *negativa*:

▸ Él **no** es de Nicaragua.

Fíjate que, en español, las oraciones negativas por lo general tienen la palabra **no**. Ahora observa los siguientes dibujos.

*Soy mesera.   *No soy mesero. Soy cocinero.

Como puedes ver, la oración negativa tiene la palabra **not** immediatamente después del verbo. A continuación hay más ejemplos.

Oraciones afirmativas	Oraciones negativas
I am tired. (Estoy cansado.)	**I am <u>not</u> tired.** (No estoy cansado.)
You are tired. (Estás cansado.)	**You are <u>not</u> tired.** (No estás cansado.)
Mario is tired. (Mario está cansado.) **He is tired.** (Él está cansado.)	**Mario is <u>not</u> tired.** (Mario no está cansado.) **He is <u>not</u> tired.** (Él no está cansado.)
Maria is tired. (María está cansada.) **She is tired.** (Ella está cansada.)	**Maria is <u>not</u> tired.** (María no está cansada.) **She is <u>not</u> tired.** (Ella no está cansada.)
The dog is tired. (El perro está cansado.) **It is tired.** (Está cansado.)	**The dog is <u>not</u> tired.** (El perro no está cansado.) **It is <u>not</u> tired.** (No está cansado.)
Maria and I are tired. (María y yo estamos cansados.) **We are tired.** (Nosotros estamos cansados.)	**Maria and I are <u>not</u> tired.** (María y yo no estamos cansados.) **We are <u>not</u> tired.** (Nosotros no estamos cansados.)
The girls are tired. (Las niñas están cansadas.)	**The girls are <u>not</u> tired.** (Las niñas no están cansadas.)
They are tired. (Ellas están cansadas.)	**They are <u>not</u> tired.** (Ellas no están cansadas.)

3.2.a Actividades: Escribe **A** si la oración es afirmativa y **N** si es negativa.

1. I am from New York.   <u>A</u>

2. I am not tired. _____

3. Marian is tall. _____

4. He is not short. _____

5. The boys are lazy. _____

6. The boys are not tired. _____

7. The student is not hardworking. _____

8. The car is yellow. _____

9. Sandra and Eileen are not heavy. _____

10. Angi and Peter are happy. _____

3.2.b Actividades: Transforma cada oración afirmativa en negativa.

1. I am happy. <u>I am not happy.</u>

2. She is tired. _____

3. We are from Los Angeles. _____

4. They are students. _____

5. Angi is a doctor. _____

6. Barbara is beautiful. _____

7. The table is new. _____

8. My brother is from Japan. _____

9. The nurses are sick. _____

10. The girls are from the United States. _____

11. The backpack is blue. _____

12. The dresses are dirty. _____

3.2.c Actividades: Traduce las siguientes oraciones.

1. El carro no es nuevo. <u>The car is not new.</u>

2. Ernesto no es de Lima. _____

3. Los estudiantes no son trabajadores. _____

4. Luis y yo no somos estudiantes. _____

5. Angélica no es cajera. Es mesera. <u>Angelica is not a cashier. She is a waitress.</u>

6. Daniel no es cajero. Es mesero. _____

7. Marco no está enfermo. Está saludable. _____

_____

8. Yo no soy de Nueva York. Soy de Houston. _____

_____

Oraciones negativas correctas e incorrectas

Ahora ya sabes que las oraciones negativas con el verbo **to be** tienen la palabra **not** en lugar de la palabra **no**.

Sujeto (sustantivo o pronombre)	Verbo to be	Not	Resto de la oración
I	am	not	from La Paz.
Luis	is	not	a doctor.
We	are	not	tired.

El resto de esta sección te muestra ejemplos de los errores que por lo general cometen las personas que están aprendiendo inglés.

Oraciones negativas que tienen no y omiten el verbo

Muchas personas dicen

> ► ~~I no tired.~~

Esto no es una oración porque no tiene verbo. Tampoco es correcto porque tiene la palabra **no** en lugar de **not**. La oración correcta es

> ► I am not tired. (No estoy cansado.)

Oraciones negativas con la palabra no en lugar de not

Otro error común es recordar el verbo pero usar **no** en lugar de **not**. Por ejemplo,

> ► ~~I am no tired. I no am tired.~~

La manera correcta de decirlo es

> ► I am not tired. (No estoy cansado.)

El siguiente cuadro te muestra oraciones negativas correctas e incorrectas. ¿Sabes por qué las oraciones en la columna de la derecha son incorrectas?

Oraciones correctas	Oraciones incorrectas
She is not sick. (Ella no está enferma.)	~~She no sick.~~ ~~She no is sick.~~
Francisco is not lazy. (Francisco no es flojo.)	~~Francisco no lazy.~~ ~~Francisco no is lazy.~~
The car is not broken. (El carro no está roto.)	~~The car no is broken.~~ ~~The car is no broken.~~

3.3.a Actividades: El siguiente gráfico muestra el país de origen y el trabajo de cuatro personas: Peter, Laura, Marco y Monica. Lee el gráfico y luego escribe **is** o **is not** en los espacios, para completar las oraciones.

Name (Nombre)	Country (País)	Job (Trabajo/profesión)
Peter	El Salvador	salesperson
Laura	Cuba	lawyer
Marco	Mexico	construction worker
Monica	Nicaragua	nurse

1. Peter __is__ from El Salvador.

2. Peter __is not__ from Mexico.

3. Peter _____ a salesperson.

4. Peter _____ an engineer.

5. Laura _____ from El Salvador.

6. Laura _____ from Cuba.

7. Laura _____ a nurse.

8. Laura _____ a lawyer.

9. Marco _____ from Mexico.

10. Marco _____ from Nicaragua.

11. Marco _____ an engineer.

12. Marco _____ a construction worker.

13. Monica _____ from Nicaragua.

14. Monica _____ a nurse.

3.3.b Actividades: Una de las oraciones en cada línea no es correcta. Tacha la oración **incorrecta**.

1a. ~~I no a doctor.~~

2a. She no is artist.

3a. Caroline is not heavy.

4a. Luis is not from Reno.

5a. Tom no is a student.

6a. They no are in love.

7a. We are not from Paris.

8a. She no is a artist.

1b. I am not a doctor.

2b. She is not an artist.

3b. Caroline no is heavy.

4b. Luis is no from Reno.

5b. Tom is not a student.

6b. They are not in love.

7b. We no from Paris.

8b. She is not an artist.

3.3.c Actividades: Cada una de las siguientes oraciones negativas tiene un error. Corrige la oración en el espacio proporcionado.

1. I no tired.   I am not tired.

2. Angi no from the U.S. _____

3. I no sick. _____

4. The girls no students. _____

5. The car no broken.

3.4 Contracciones en oraciones negativas

Ahora que sabes cómo se forman las oraciones negativas y cómo se forman las contracciones, estás listo para usar contracciones en oraciones negativas.

Fíjate en la siguiente oración:

▶ She is not tired. (Ella no está cansada.)

Para acortar la oración usando una contracción, debes decir

▶ She isn't tired. (Ella no está cansada.)

Receta de gramática: Para formar una contracción negativa en una oración que tiene **is** o **are**

▶ Combina **is** o **are** con la palabra **not**.

▶ Reemplaza la **o** en **not** con un apóstrofe (').

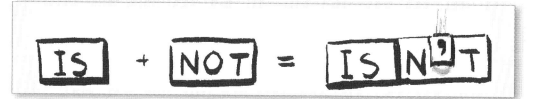

El siguiente cuadro te muestra ejemplos de oraciones negativas que no tienen contracción y ejemplos de oraciones negativas que tienen contracción. En el Apéndice B al final del libro podrás encontrar contracciones adicionales, como **you're not, he's not** y otras.

Oraciones negativas sin contracción	Oraciones negativas con contracción	
I <u>am not</u> tired.	I'<u>m</u> not tired.	No estoy cansado.
You <u>are not</u> tired.	You <u>aren't</u> tired.	No estás cansado.
Juan <u>is not</u> tired. He <u>is not</u> tired.	Juan <u>isn't</u> tired. He <u>isn't</u> tired.	Juan no está cansado. Él no está cansado.
Lucy <u>is not</u> tired. She <u>is not</u> tired.	Lucy <u>isn't</u> tired. She <u>isn't</u> tired.	Lucy no está cansada. Ella no está cansada.
Luis and I <u>are not</u> tired. We <u>are not</u> tired.	Luis and I <u>aren't</u> tired. We <u>aren't</u> tired.	Luis y yo no estamos cansados. Nosotros no estamos cansados.
The students <u>are not</u> tired. They <u>are not</u> tired.	The students <u>aren't</u> tired. They <u>aren't</u> tired.	Los estudiantes no están cansados. Ellos no están cansados.

3.4.a Actividades: Usa una contracción negativa para escribir de nuevo cada oración.

1. I am not lazy. I'm not lazy.

2. You are not lazy. _____

3. He is not lazy. _____

4. She is not lazy. _____

5. We are not lazy. _____

6. They are not lazy. _____

7. It is not expensive. _____

8. The student is not from Tijuana. _____
_____

9. The book is not new. _____

10. I am not a homemaker. _____
_____

3.4.b Actividades: Completa estas oraciones con contracciones negativas.

1. The car is cheap. It ___isn't___ expensive.

2. I'm heavy. _____ not thin.

3. My mother is from Michoacan. She _____ from Sinaloa.

4. The students are lazy. They _____ hardworking.

5. Marvin and I are happy. We _____ sad.

6. My house is clean. It _____ dirty.

7. I'm a salesperson. _____ not a cashier.

8. My mother and father are old. They _____ young.

9. My boyfriend (novio) is handsome. He _____ ugly.

3.4.c Actividades: Observa el siguiente cuadro. Luego escribe **is** o **isn't** para formar las oraciones según corresponda.

Name (Nombre)	Type of animal (Tipo de animal)	Color
Dumbo	elephant (elefante)	gray
Donald	duck (pato)	yellow
Mickey	mouse (ratón)	black
Goofy	dog	black

1. Dumbo ___isn't___ a dog.

2. Dumbo ___is___ an elephant.

3. Dumbo _____ gray.

4. Donald _____ a duck.

5. Donald _____ a rabbit (conejo).

6. Donald _____ brown.

7. Mickey _____ a monkey.

8. Mickey _____ black.

9. Mickey _____ brown.

10. Goofy _____ a dog.

11. Goofy _____ a mouse.

12. Goofy _____ black.

3.5   Hacer preguntas cerradas (permiten responder sólo SÍ o NO)

Ahora que sabes escribir oraciones afirmativas y negativas, estás listo para hacer preguntas. Pero antes, te damos dos definiciones importantes:

Una *afirmación* es una oración que afirma o declara algo. Un ejemplo de una *afirmación* es:

► I am in love. (Estoy enamorado.)

Una *pregunta* es una oración que pregunta algo. Un ejemplo de una *pregunta* es:

► Are you in love? (¿Estás enamorado?)

Regla de puntuación: En inglés, las preguntas sólo tienen un signo de interrogación (de pregunta), ubicado al final de la oración.

En inglés comienzas muchos tipos de preguntas con el verbo **to be**. Por ejemplo:

► Is Mario from Mexico? (¿Es de México Mario? ¿Mario es de México?)

Este tipo de pregunta se llama *cerrada* porque la respuesta es siempre sí o no. La estructura de las preguntas cerradas que tienen el verbo **to be** es la siguiente:

Verbo **to be**	Sujeto (sustantivo o pronombre)	Resto de la oración
Are	you	from New York?
Is	Lilia	a doctor?
Are	the students	tired?

El cuadro a continuación te muestra más ejemplos de la diferencia entre afirmaciones y preguntas. Fíjate que

► Una afirmación comienza con un sustantivo o pronombre seguido por el verbo **to be**. Una afirmación termina con un punto.

► Una pregunta comienza con el verbo **to be** seguido por un sustantivo o pronombre. Una pregunta termina con un signo de interrogación (de pregunta).

Afirmaciones	Preguntas	Afirmaciones	Preguntas
You are tired.	Are you tired?	Alma is tired.	Is Alma tired?
Marco is tired.	Is Marco tired?	She is tired.	Is she tired?

¡Ahora tú!

3.5.a Actividades: Agrega un punto o un signo de interrogación, según corresponda. Luego escribe **Q** si la oración es una **question** (pregunta) y **S** si la oración es una **statement** (afirmación).

	Puntuación	¿Esta oración, es una *statement* o una *question*?
1. Are you a student	a. __?__	b. __Q__
2. I am tired	a. ____	b. ____
3. Are you from New York	a. ____	b. ____
4. Are you in love	a. ____	b. ____
5. I am a doctor	a. ____	b. ____
6. Is Susan sick	a. ____	b. ____
7. Are you a doctor	a. ____	b. ____
8. Amanda is a housewife	a. ____	b. ____

3.5.b Actividades: Completa cada pregunta con el verbo correspondiente.

1. __Are__	you from Spain?	10. _____	you from Seattle?
2. _____	you a teacher?	11. _____	the teachers tired?
3. _____	Juan from Mexico?	12. _____	the student hardworking?
4. _____	Martha intelligent?	13. _____	the housecleaners from Peru?
5. _____	he a lawyer?	14. _____	the boys from San Miguel?
6. _____	he from Spain?	15. _____	the girl from San Antonio?
7. _____	they hardworking?	16. _____	he at home (en casa)?
8. _____	she a nurse?	17. _____	Lydia at home?
9. _____	the nurses from Madrid?	18. _____	the boys happy?

3.5.c Actividades: En cada línea, ordena las palabras para formar una pregunta. No te olvides de comenzar cada pregunta con letra mayúscula y de terminar cada pregunta con un signo de interrogación.

1. she / is / tired /   Is   she   tired?

2. he / is / happy /

3. they / are / doctors

4. is / good / the / book

5. is / an / engineer / Lourdes

6. we / are / late (tarde)

7. you / are / a / waitress

8. they /are / lawyers

Ahora que sabes hacer preguntas, estás listo para responder preguntas. Observa estas conversaciones.

*¿Estás enferma?
**Sí.

*¿Estás enferma?
**No. Estoy cansada.

Fíjate que no hay traducciones completas de las respuestas al español. Esto es porque en español, por lo general respondes este tipo de preguntas con un simple sí o no.

Puedes usar una contracción en una respuesta corta negativa pero no en una respuesta corta afirmativa. Por lo tanto, es correcto decir

▸ No, I'm not.

No es correcto decir

▸ ~~Yes, I'm.~~

Debes decir

▸ Yes, I am.

Reglas de puncuación y del uso de mayúsculas:

▸ Cuando **yes** o **no** son la primera palabra de la oración, se escribe una coma justo después.

     Yes, she is.

▸ La única vez que se usa mayúscula después de la coma es **I** o es un nombre propio, como el nombre de una persona o un país. Por lo tanto, estas oraciones tienen la puntuación correcta:

     Yes, I am.

     Yes, Laura is.

     Yes, she is.

La siguiente oración no tiene la puntuación correcta. ¿Sabes por qué?

     ~~Yes, She is.~~

3.6.a Actividades: Responde estas preguntas. ¡Responde la verdad! Usa **Yes, I am.** o **No, I'm not.**

1. Are you from China?   No, I'm not.

2. Are you from Mexico?

3. Are you from Guatemala?

4. Are you hardworking?

5. Are you intelligent?

6. Are you lazy?

7. Are you tired?

8. Are you in love? (enamorado, enamorada)

9. Are you married? (casado, casada)

10. Are you single? (soltero, soltera)

3.6.b Actividades: Una de las respuestas a cada pregunta no es correcta. Tacha la respuesta **incorrecta.** Tus respuestas no tienen que ser ciertas.

1. Are you from Guadalajara?   a. ~~Yes, I'm.~~   b. Yes, I am.

2. Are you from Ecatepec?   a. Yes, I am.   b. Yes, I'm.

3. Are you from Mexico City?   a. No, I not.   b. No, I'm not.

4. Are you from Guatemala City?   a. No, I'm not.   b. No, I no.

5. Are you from Mexico?   a. Yes, I,am.   b. Yes, I am.

6. Are you tired?   a. No, I not.   b. No, I'm not.

7. Are you in love?   a. Yes, I am.   b. Yes, am.

8. Are you lazy?   a. No, I'm not.   b. No, I no.

9. Are you thin?   a. Yes, I'm.   b. Yes, I am.

10. Are you happy?   a. No, I'm not.   b. No I'm not

Más práctica sobre cómo responder preguntas

Ya sabes cómo responder preguntas sobre ti mismo. Ahora imagínate que quieres responder preguntas sobre otras personas. Estudia este cuadro. Fíjate que no hay traducciones completas al español de las respuestas. Esto es porque en español, por lo general respondes la pregunta con un simple **sí** o **no**.

Preguntas y respuestas cerradas en inglés	Preguntas y respuestas cerradas en español
Are you tired? Yes, I am. No, I am not. No, I'm not.	¿Estás cansado? Sí. No.
Is Peter tired? Is he tired? Yes, he is. No, he is not. No, he isn't.	¿Está cansado Peter? ¿Está cansado él? Sí. No.
Is Anna tired? Is she tired? Yes, she is. No, she is not. No, she isn't.	¿Está cansada Anna? ¿Está cansada ella? Sí. No.
Are Laura and I tired? Are we tired? Yes, we are. No, we are not. No, we aren't.	¿Estamos cansados Laura y yo? ¿Estamos cansados nosotros? Sí. No.
Are the boys tired? Are they tired? Yes, they are. No, they are not. No, they aren't.	¿Están cansados los niños? ¿Están cansados ellos? Sí. No.
Is the car new? Is it new? Yes, it is. No, it is not. No, it isn't.	¿Es nuevo el carro? ¿Es nuevo? Sí. No.
Are the cars new? Are they new? Yes, they are. No, they are not. No, they aren't.	¿Son nuevos los carros? ¿Son nuevos? Sí. No.

Fíjate que puedes usar contracciones en respuestas cortas negativas pero no en afirmativas. Por lo tanto, es correcto decir

► No, she isn't.

Pero no es correcto decir

► ~~Yes, she's.~~

3.7.a Actividades: Observa el siguiente cuadro. Luego escribe **is** o **isn't** para formar las oraciones según corresponda.

Name	Marital status (Estado civil)	Job
Manuel	*single (soltero)*	*waiter*
Anna	*married (casada)*	*doctor*
Sam	*divorced (divorciado)*	*engineer*
Lisa	*single*	*salesperson*

1. Is Manuel single? _Yes, he is._____
2. Is Manuel a lawyer? _No, he isn't._____
3. Is Anna married? _____
4. Is Anna a nurse? _____
5. Is Sam divorced? _____
6. Is Sam a doctor? _____
7. Is Lisa married? _____
8. Is Lisa a salesperson? _____

3.7.b Actividades: Lee el párrafo a continuación. Luego responde las preguntas con **Yes, she is.** o **No, she isn't.**

Anna Lopez is from Puebla, Mexico. She is short and thin. She is a cashier. She is hardworking. She is very (muy) happy because (porque) she is in love (enamorada).

1. Is Anna from Puebla, Mexico? ____Yes, she is._____
2. Is Anna tall? _____
3. Is Anna hardworking? _____
4. Is Anna an engineer? _____
5. Is Anna in love? _____

3.7.c Actividades: Una de las dos respuestas a cada pregunta es gramaticalmente incorrecta. Tacha la respuesta **incorrecta**.

1. Are you from Mexico?   a. ~~Yes, I'm.~~   b. Yes, I am.
2. Is the car new?   a. Yes, it is.   b. Yes it is.
3. Are the children tired?   a. Yes, they are.   b. Yes, she is.
4. Are the friends happy?   a. Yes, he is.   b. Yes, they are.
5. Is Maria tired?   a. Yes, she is.   b. Yes, she's.
6. Are you at work?   a. No, she isn't.   b. No, I'm not.
7. Is the book interesting? a. Yes, it is.   b. Yes, I am.
8. Is that store expensive? a. No, I'm not.   b. No, it isn't.
9. Are the dresses new?   a. No, it isn't.   b. No, they aren't.

Oraciones negativas

Para escribir una oración negativa con el verbo **to be**, escribe la palabra **not** inmediatamente después del verbo.

► Oración afirmativa: I am tired.

► Oración negativa: I am **not** tired.

Contracciones

Contracciones (contractions) son palabras que se forman al unir dos palabras. Para formar una contracción con un pronombre personal y el verbo **to be**

► Combina el pronombre (**I, you, he, she, it, we** o **they**) con la forma correspondiente del verbo (**am, is** o **are**).

► Reemplaza la primera letra del verbo con un apóstrofe (').

Para formar una contracción negativa con el verbo **to be** (**is** o **are**)

► Combina el verbo correspondiente (**is** o **are**) con la palabra **not**.

► Reemplaza la **o** en **not** con un apóstrofe (').

La contracción negativa de **I am not** no sigue esta regla. Simplemente es **I'm not**.

Contracciones afirmativas		Contracciones negativas	
I + am	I'm	I am not	I'm not
you + are	you're	you are not	you aren't
he + is	he's	he is not	he isn't
she + is	she's	she is not	she isn't
it + is	it's	it is not	it isn't
we + are	we're	we are not	we aren't
they + are	they're	they are not	they aren't

Hacer y responder preguntas cerradas (permiten responder sólo SÍ o NO)

Para formar una pregunta cerrada con el verbo to be, invierte los lugares del sujeto y el verbo:

► *Afirmación:* Maria is from Nicaragua.

► *Pregunta:* Is Maria from Nicaragua?

El siguiente cuadro te muestra cómo responder preguntas cerradas que tienen el verbo **to be**:

Are you tired?	Is Peter tired?	Is Anna tired?	Are the girls tired?	Is the table new?
Yes, I am.	Yes, he is.	Yes, she is.	Yes, they are.	Yes, it is.
No, I am not.	No, he is not.	No, she is not.	No, they are not.	No, it is not.
No, I'm not.	No, he isn't.	No, she isn't.	No, they aren't.	No, it isn't.

¡Más ejercicios!

P3.a Actividades: Escribe la contracción de las siguientes palabras.

1. he is _he's_

2. you are _____

3. she is _____

4. we are _____

5. they are _____

6. it is _____

7. I am _____

P3.b Actividades: Escribe de nuevo cada oración y reemplaza la palabra subrayada con una contracción.

1. <u>I am</u> in love. _____I'm in love._____

2. <u>She is</u> from Mazatlan. _____

3. <u>We are</u> tired. _____

4. <u>She is</u> from Chile. _____

5. <u>They are</u> nurses. _____

6. <u>It is</u> yellow. _____

7. <u>They are</u> broken. _____

8. <u>They are</u> sick. _____

9. <u>We are</u> in love. _____

10. <u>He is</u> short. _____

P3.c Actividades: Usa una contracción negativa para escribir de nuevo cada frase.

1. he is not _he isn't_

2. you are not _____

3. she is not _____

4. we are not _____

5. they are not _____

6. it is not _____

7. I am not _____

P3.d Actividades: Una de las oraciones en cada línea no es correcta. Tacha la oración **incorrecta**.

1a. ~~I no a waitress.~~

2a. She isn't from San Diego.

3a. Ramon isn't sick.

4a. Yes, I am.

5a. Tom no is in love.

6a. They is not from Texas.

7a. Luis isn't happy.

8a. He no is a artist.

1b. I am not a waitress.

2b. She isn,t from San Diego.

3b. Ramon isn 't sick.

4b. Yes, I'm.

5b. Tom is not in love.

6b. They are not from Texas.

7b. Luis no is happy.

8b. He is not an artist.

P3.e Actividades: Escribe el verbo necesario para completar cada pregunta. Luego usa una contracción para completar la respuesta.

Pregunta	Respuesta
1a. _Are_ you from Spain?	1b. No, _I'm not._
2a. _____ you a teacher?	2b. No, _____
3a. _____ Juan from Mexico?	3b. No, _____
4a. _____ Martha intelligent?	4b. No, _____
5a. _____ he a lawyer?	5b. No, _____
6a. _____ the car new?	6b. No, _____
7a. _____ the tables old?	7b. No, _____
8a. _____ the dress expensive?	8b. No, _____

P3.f Actividades: Transforma cada oración en negativa. En la primera oración, **no** uses una contracción. En la segunda oración, usa una contracción.

Oración afirmativa	Oración negativa sin una contracción	Oración negativa con una contracción
I am from New York.	1a. I am not from New York.	1b. I'm not from New York.
She is tired.	2a. _____	2b. _____
Adam is a gardener.	3a. _____	3b. _____
The car is dirty.	4a. _____	4b. _____
We are happy.	5a. _____	5b. _____
The chairs are new.	6a. _____	6b. _____

P3.g Actividades: Lee el párrafo a continuación. Luego responde las preguntas con una de las siguientes respuestas:

Yes, he is.	No, he isn't.
Yes, she is.	No, she isn't.
Yes, they are.	No, they aren't.

John is from Mexico. Anna is from Guatemala. They are married. They are in love. John is a waiter. He is tall and heavy. Anna is a nurse. She is tall and thin. They have (tienen) a dog. The dog is black and white. He is happy and lazy.

1. Is John from Mexico?   Yes, he is.

2. Is Anna from Mexico?   _____

3. Is Anna single?   _____

4. Are John and Anna married?   _____

5. Are John and Anna in love?   _____

6. Is John a cashier?   _____

7. Is John tall?   _____

8. Is Anna a nurse?   _____

9. Is Anna tall and thin?   _____

10. Is the dog brown?   _____

P3.h Actividades: En cada línea, ordena las palabras para formar una afirmación. No te olvides de comenzar cada oración con letra mayúscula y de terminarla con un punto.

1. he / sick / is   He   is   sick.

2. they / young / are

3. they / babysitters / are

4. from / are / they / Jalisco

5. Juana / hardworking / is

6. they / from / are / Buenos Aires

7. he / a / is / gardener

8. lawyers / they / are

P3.i Actividades: En cada línea, ordena las palabras para formar una pregunta. No te olvides de comenzar cada pregunta con letra mayúscula y de terminar cada pregunta con un signo de interrogación.

1. he / is / happy /   Is   he   happy?

2. they / are / happy /

3. they / are / gardeners

4. The boys / are / from / Jalisco

5. Lourdes / is / nurse / a

6. they / from / El Salvador / are

7. he / waiter / is / a

8. they / lawyers / are

P3.j Actividades: Traduce las siguientes oraciones. Usa una contracción en cada oración.

1. Él es mesero.   He is a waiter.

2. Angela no es mesera.

3. Daniela no es gorda.

4. Ellos son de Santa Fe.

5. Él es inteligente.

6. Yo estoy enferma.

7. José y yo no somos de Canadá.

8. La mesa no es morada.

9. Nosotras no somos amigas.

10. Ellos están cansados.

11. Yo no soy de Michoacán.

12. El carro no es barato.

Capítulo 4

I have two brothers.
(Tengo dos hermanos.)

En las conversaciones de todos los días, es habitual usar el verbo tener (**to have**) para hablar de tu familia, tu trabajo y tu aspecto físico. En este capítulo aprenderás a usar este verbo tan importante.

Al finalizar este capítulo, podrás:

- Usar el verbo **to have** (tener).
- Usar sustantivos plurales irregulares, como **men** (hombres), **women** (mujeres), y **children** (niños).
- Describir tu aspecto físico
- Contar del uno al cien
- Decirle tu edad a la gente

Ya has aprendido sobre **to be**, el verbo más común en el idioma inglés. Ahora llegó el momento de aprender acerca de otro verbo importante, **to have** (tener). El siguiente cuadro te muestra cómo usar este verbo.

Cuándo usar **have**		Cuándo usar **has**	
I have	yo tengo	**he has**	él tiene
you have	tú tienes usted tiene	**she has**	ella tiene
we have	nosotros tenemos nosotras tenemos	**it has***	
they have	ellos tienen ellas tienen		

*Como sabes, no hay una traducción directa para it en español.

Fíjate que la forma del verbo a usar depende del pronombre que se encuentra justo antes.

► Usa **have** después de los pronombres **I, you, we** y **they** o cualquier sustantivo o frase que pertenece a esa categoría.

► Usa **has** después de los pronombres **he, she, it** o cualquier sustantivo o frase que pertenece a esa categoría.

El verbo **have** en inglés se usa de una manera muy parecida a como se usa tener en español.

► I have a dog. (Tengo un perro.)

► She has a job. (Ella tiene un trabajo.)

► Andrew has a car. (Andrew tiene un carro.)

Fíjate que en la primera oración en español no necesitas incluir el pronombre personal (yo) porque la terminación del verbo te indica de cuál pronombre estás hablando. En inglés, debes usar un pronombre antes del verbo.

Con frecuencia usarás **have** y **has** para hablar sobre qué cantidad tienes de algo, así que estudia el siguiente cuadro.

Vocabulario: Números del 1 al 10	
1. one ✱	6. six ✱✱✱✱✱✱
2. two ✱✱	7. seven ✱✱✱✱✱✱✱
3. three ✱✱✱	8. eight ✱✱✱✱✱✱✱✱
4. four ✱✱✱✱	9. nine ✱✱✱✱✱✱✱✱✱
5. five ✱✱✱✱✱	10. ten ✱✱✱✱✱✱✱✱✱✱

4.1.a Actividades: Usa **have** o **has** para completar las siguientes frases.

1. I ___have___

2. You _____

3. He _____

4. She _____

5. It _____

6. We _____

7. They _____

8. My friend and I _____

9. My aunt (*tía*) and my sister _____

10. Nancy _____

11. The homemakers _____

12. Peter _____

13. Bob and Tom _____

14. The boys _____

15. You and I _____

16. The students _____

17. The nurse _____

18. Roberto and I _____

4.1.b Actividades: Escribe el número según corresponda.

1.   6 ___six___

2.   3 _____

3.   5 _____

4.   8 _____

5.   2 _____

6.   1 _____

7.   4 _____

8.   7 _____

9.   10 _____

10.   9 _____

4.1.c Actividades: Usa **have** o **has** para completar cada oración.

1. I ___have___ a desk (escritorio).

2. Andrew _____ two cars.

3. Linda _____ a backpack.

4. We _____ four books.

5. Marco and Lisa _____ a baby.

6. My sister _____ three dogs.

7. The teachers _____ books.

8. My mother and I _____ a house.

9. She _____ books.

10. They _____ friends.

11. I _____ a problem (problema).

12. Adam and Luisa _____ two children.

13. The student _____ a backpack.

14. The students _____ a class (una clase) at 9:00.

15. The house _____ a garden (jardín).

16. Andrew _____ a good teacher.

17. You _____ a large house.

18. The construction worker _____ a dog.

4.2 El uso de *have* y *has* con sustantivos singulares y plurales

Ahora que has aprendido sobre el verbo **to have**, estás listo para aprender más acerca de su uso.

Lee las siguientes oraciones:

- ► Susan has **a** book. (Susan tiene un libro.)
- ► Susan has **an** apple. (Susan tiene una manzana.)
- ► Susan has oranges. (Susan tiene naranjas.)

¿Te acuerdas por qué debes usar **a** en la primera oración, **an** en la segunda y ninguno de los dos en la tercera? Si no lo recuerdas, lee el Repaso de Gramática a continuación.

Repaso de Gramática

- ► Si el sustantivo al que te refieres empieza con una vocal, debes usar **an**. Las vocales en inglés son **a, e, i, o** y **u**. Debes decir **an apple** (una manzana) porque **apple** comienza con **a**, que es un vocal.

- ► Si el sustantivo al que te refieres empieza con una consonante, debes usar **a**. (Una consonante es una letra que no es una vocal.) En inglés, las consonantes son **b, c, d, f, g, h, j, k, m, n, p, q, r, s, t, v, w, x, y** y **z**. Debes decir **a tree** (un árbol) porque **tree** comienza con **t**, que es una consonante.

- ► <u>Nunca</u> debes usar **a** o **an** antes de un sustantivo plural.

El siguiente cuadro te muestra ejemplos del uso correcto e incorrecto de **a** y **an**.

Oraciones correctas	Oraciones incorrectas
I have apples in my backpack. (Tengo manzanas en mi mochila.)	I have a apples in my backpack.
I have an apple in my backpack. (Tengo una manzana en mi mochila.)	I have apple in my backpack.
I am an engineer. (Soy ingeniero.)	I am engineer.
We are engineers. (Somos ingenieros.)	We are engineer. We are an engineers.

4.2.a Actividades: Observa la imagen. Luego escribe cinco oraciones que hablen de lo que Héctor tiene en su mochila.

1.   He has four pencils. _____

2. _____

3. _____

4. _____

5. _____

4.2.b Actividades: Usa **have** o **has** y a o an para completar cada oración.

1. I ___have___ ___a___ book.

2. Marcos ___has___ ___an___ orange.

3. My sister _____ house in Paris.

4. The gardener _____ job.

5. My friend _____ apple.

6. I _____ egg.

7. The students _____ young teacher.

8. The boy _____ backpack.

4.2.c Actividades: Una de las oraciones en cada línea no es correcta. Tacha la oración **incorrecta**.

1a. I have a car.

2a. María has a books.

3a. I have orange.

4a. We have a teacher.

5a. Leo has four eraser.

6a. Laura has an egg.

7a. I have a problem.

8a. Lisa has two jobs.

9a. The boys have a bicycle.

10a. We have friend in Chicago.

1b. ~~I have car.~~

2b. María has books.

3b. I have an orange.

4b. We have teacher.

5b. Leo has four erasers.

6b. Laura has a egg.

7b. I have problem.

8b. Lisa has two job.

9b. The boys have bicycle.

10b. We have a friend in Chicago.

4.2.d Actividades: Traduce las siguientes oraciones.

1. Tengo tres gatos. I have three cats. _____

2. Tengo tres lápices. _____

3. Laura tiene una mochila. _____

4. Sam tiene dos trabajos. _____

5. El estudiante tiene cuatro libros de texto. _____

6. Él tiene una hermana y cinco hermanos. _____

Más sobre los sustantivos plurales

En el capítulo 1, aprendiste que tanto en inglés como en español, por lo general se le agrega una **s** a un sustantivo singular para que sea plural. Esta regla se cumple la mayoría de las veces. Sin embargo, existen algunas excepciones importantes. Esta sección te explica algunas de ellas.

Reglas para los sustantivos plurales: *dresses* y *churches*

Observa la palabra **dress** (vestido). El plural de **dress** no es ~~dresss~~, es **dresses**. ¿Cómo puedes saber cuándo agregar **es** en lugar de **s**? Aquí está la regla:

Regla de grámatica: Si un sustantivo termina en **s, ss, sh, ch, x,** o **z,** le agregas **es** para que sea plural. Por ejemplo, el plural de **church** (iglesia) es **churches** (iglesias). Le debes agregar **es** porque **church** termina en **ch.** A continuación hay más ejemplos:

- ► pea**ch**, peach**es** (durazno, duraznos)
- ► cla**ss**, class**es** (clase, clases)
- ► ki**ss**, kiss**es** (beso, besos)
- ► bo**x**, box**es** (caja, cajas)

Más reglas para los sustantivos plurales: *babies* y *cities*

Observa la palabra **baby** (bebé). El plural de **baby** es **babies**, no ~~babys~~.

Regla de grámatica: Si un sustantivo termina en **y** justo antes hay una consonante, le quitas la **y** y le agregas **ies** para que sea plural.

Observa la palabra **city** (ciudad). La palabra termina en **y** y justo antes hay una consonante, **t**. Para transformar a **city** en plural, quita la **y** y agrégale **ies**. El resultado es **cities**. A continuación hay más ejemplos:

- ► cher**ry**, cher**ries** (cereza, cerezas)
- ► par**ty**, par**ties** (fiesta, fiestas)
- ► la**dy**, la**dies** (dama, damas)

Si un sustantivo termina en **y** y justo antes hay una vocal, sólo le agregas **s** para que sea plural. Por ejemplo

- ► bo**y**, boys (niño, niños)
- ► to**y**, toys (juguete, juguetes)
- ► ke**y**, keys (llave, llaves)

4.3.a Actividades: Transforma cada sustantivo en plural.

1. cherry ___cherries___
2. box _____
3. party _____
4. city _____
5. class _____
6. friend _____
7. church _____
8. store _____
9. dress _____
10. cat _____

11. kiss _____
12. boy _____
13. peach _____
14. baby _____
15. chair _____
16. toy _____
17. lady _____
18. nurse _____
19. sister _____
20. watch (reloj) _____

4.3.b Actividades: Subraya el verbo que sea correcto en cada oración.

1. Angela (have, has) four dresses.
2. The cherries (is, are) good.
3. The church (is, are) big.
4. The school (have, has) ten classrooms (aulas).
5. The school (is, are) large.

6. Dulce (have, has) a baby.
7. Andrew (have, has) a toy.
8. The baby (is, are) beautiful.
9. The classes (is, are) interesting.
10. The boxes (is, are) heavy.

4.3.c. Actividades: Traduce las siguientes oraciones.

1. Las cajas son pesadas. ___The boxes are heavy.___
2. Él tiene tres hermanas. _____
3. Esas naranjas son grandes. _____
4. Las iglesias son bonitas. _____
5. Ella tiene dos bebés. _____
6. Estos juguetes están rotos. _____
7. Los duraznos están malos. _____
8. Lillian tiene las llaves. _____

Todos los sustantivos que has aprendido hasta ahora tienen el plural que termina en **s**. Pero existen algunos sustantivos plurales que no terminan en **s**. Estos sustantivos se llaman *sustantivos plurales irregulares*. En esta sección aprenderás sobre ellos.

El siguiente dibujos te muestra los sustantivos plurales irregulares más comunes.

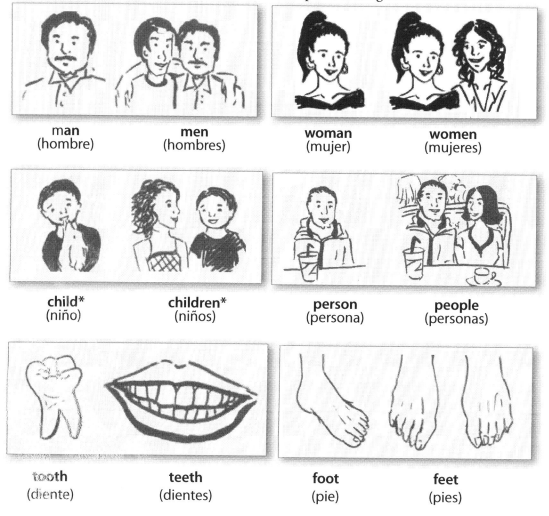

| **man** (hombre) | **men** (hombres) | **woman** (mujer) | **women** (mujeres) |

| **child*** (niño) | **children*** (niños) | **person** (persona) | **people** (personas) |

| **tooth** (diente) | **teeth** (dientes) | **foot** (pie) | **feet** (pies) |

Comparemos el inglés con el español: La palabra en inglés para niño, **child**, se refiere a un hombre o a una mujer. De la misma manera, **children** (niños)se refiere a más de un niño, ya sea que se trate de hombres, mujeres o un grupo de hombres y mujeres. Para hablar de un solo niño (hombre), debes usar la palabra **boy**. Para hablar de una sola niña (mujer), debes usar la palabra **girl**.

4.4.a Actividades: Transforma cada sustantivo en plural.

1. man ___men___

2. person _____

3. tooth _____

4. child _____

5. foot _____

6. woman _____

4.4.b Actividades: Escribe la forma singular de cada sustantivo plural irregular.

1. people ___person___

2. teeth _____

3. women _____

4. men _____

5. feet _____

6. children _____

4.4.c Actividades: Traduce las siguientes frases.

1. el niño ___the child___

2. un hombre ___a man___

3. el hombre _____

4. los hombres _____

5. los dientes _____

6. el diente _____

7. las personas _____

8. la persona _____

9. una persona _____

10. las mujeres _____

11. la mujer _____

12. una mujer _____

4.4.d Actividades: Subraya la palabra que sea correcta en cada oración.

1. I have two (child, <u>children</u>).

2. The (child, children) isn't sick.

3. The (woman, women) has two jobs.

4. That (man, men) has black eyes and black hair.

5. That (woman, women) is in love.

6. The (person, people) are in New York.

7. The (woman, women) has three dresses.

8. The (child, children) have four dogs.

9. My (foot, feet) are dirty.

10. The (man, men) is in Mexico City.

11. I have two (foot, feet).

12. My (tooth, teeth) is broken.

13. Those (child, children) have a cat.

14. The (man, men) has a house.

15. These (boy, boys) have a job.

16. The (men, mens) are at work.

17. The (children, childrens) are at school.

18. Those (women, womens) are beautiful.

El uso de adjetivos con *have* y *has*

Como sabes, un ***adjetivo*** es una palabra que modifica o describe algo o alguien. En esta sección, aprenderás a usar adjetivos que describen cosas o personas que tienes en tu vida. Fíjate en esta oración:

▶ I have a **new** car. (Tengo un carro nuevo. Yo tengo un carro nuevo.)

Observa que en la oración en inglés, el *adjetivo*, **new**, se ubica inmediatamente <u>antes</u> del sustantivo que modifica. En la traducción al español es distinto, ya que el adjetivo se ubica <u>después</u> del sustantivo.

En las siguientes oraciones, te mostramos los adjetivos en negrita, tanto en inglés como en español.

▶ I have a **red** car. (Tengo un carro **rojo.**)

▶ My sister has a pretty daughter. (Mi hermana tiene una hija **bonita.**)

▶ She has two **pretty** dresses. (Ella tiene dos vestidos **bonitos.**)

Observa que el adjetivo **pretty** se escribe de la misma forma al hablar de un vestido o de dos, y que el adjetivo **two** está antes del adjetivo **pretty**.

A continuación hay ejemplos de oraciones en inglés que tienen adjetivos, correctas e incorrectas. ¿Sabes por qué las oraciones en la columna derecha son incorrectas?

Oraciones correctas	Oraciones incorrectas
I have a red shirt. (Tengo una camisa roja.)	I have a ~~shirt red~~.
Joe has a clean house. (Joe tiene una casa limpia.)	Joe has a ~~house clean~~.
We have a new car. (Tenemos un carro nuevo.)	We have a ~~car new~~.

Esta lista te ofrece más vocabulario que puedes usar para describir el aspecto físico.

Vocabulario: Aspecto físico	
black hair (pelo negro)	**curly hair** (pelo rizado)
brown hair (pelo castaño)	**blue eyes** (ojos de color azul)
short hair (pelo corto)	**brown eyes** (ojos de color café)
long hair (pelo largo)	**black eyes** (ojos de color negro)
straight hair (pelo lacio)	**green eyes** (ojos de color verde)

Hair (pelo) es un tipo especial de sustantivo (llamado ***sustantivo no contable***) que no lleva un **a** antes a pesar de ser singular. Por lo tanto, debes decir

▶ I have black hair. (Tengo pelo negro.)

No es correcto decir

▶ ~~I have a black hair.~~

4.5.a Actividades: Subraya **have** o **has** para formar una oración correcta.

1. Amanda (have, <u>has</u>) a good job.

2. The sisters (have, has) brown eyes.

3. The men (have, has) curly hair.

4. The students (have, has) an interesting class.

5. Ernesto (have, has) black hair.

6. Anna (have, has) long hair.

7. I (have, has) blue eyes.

8. The people (have, has) a big garden.

9. María (have, has) a handsome boyfriend.

10. The man (have, has) two sisters and one brother.

4.5.b Actividades: Una de las oraciones en cada línea no es correcta. Tacha la oración **incorrecta**.

1a. ~~I have a dress new.~~

2a. Ana has a beautiful house.

3a. The school has chairs blue.

4a. I have a good boss (jefe).

5a. I have eyes of color blue.

6a. Ana has hair straight.

7a. She has two new dresses.

8a. We have goods teachers.

1b. I have a new dress.

2b. Ana has a house beautiful.

3b. The school has blue chairs.

4b. I have a boss good.

5b. I have blue eyes.

6b. Ana has straight hair.

7b. She has two new dress.

8b. We have good teachers.

4.5.c Actividades: Usa **have** o **has** y **a** o **an** para completar cada oración.

1. The boys ___have___ ___an___ interesting book.

2. The teacher _____ lazy student.

3. You _____ clean house.

4. The engineer _____ good job.

5. My friend _____ old backpack.

6. We _____ expensive car.

7. I _____ beautiful garden.

8. They _____ nice friend.

4.5.d Actividades: Traduce las siguientes oraciones.

1. Él tiene un carro blanco. ___He has a white car.___

2. Susan tiene un libro nuevo. _____

3. Tenemos amigos de Chicago. _____

4. Mi hermana tiene ojos de color negro. _____

5. Él tiene un gato negro. _____

6. Tengo pelo corto. _____

7. Tú tienes una hermana inteligente. _____

Ya has aprendido a usar dos de los verbos más importantes en el idioma inglés: **to have** y **to be**. Estos verbos se usan de una manera muy similar a como se usan en españoI. El siguiente cuadro es un resumen del uso de estos verbos.

El uso de **to have**		El uso de **to be**	
Cuándo usarlo	**Ejemplos**	**Cuándo usarlo**	**Ejemplos**
Para hablar de que algo pertenece a o está asociado con alguien o algo	That man **has** a new car. We **have** two brothers.	Para hablar del lugar de origen de alguien	He **is** from New York.
		Para describir una persona, lugar o cosa	Anna **is** beautiful. He **is** hardworking.
		Para hablar del trabajo del alguien	We **are** babysitters.

Sin embargo, hay algunas situaciones importantes en las que usas **tener** en español pero usas **to be** en inglés. Observa las siguientes ejemplos.

*Tengo calor.

*Tengo frío.

*Tengo hambre.

*Tengo sed.

El siguiente cuadro te da más ejemplos.

Vocabulario: Expresiones con **to be**	
I **am** lucky.	**Tengo** suerte.
I **am** sleepy.	**Tengo** sueño.
I **am** afraid.	**Tengo** miedo.

4.6.a Actividades: Escribe la letra de la frase en la columna 2 que corresponda a la traducción de la frase en la columna 1.

Columna 1	Columna 2
1. I am afraid. __D__	A. Tengo suerte.
2. I am cold. _____	B. Tengo frío.
3. I am hungry. _____	C. Tengo calor.
4. I am hot. _____	D. Tengo miedo.
5. I am lucky. _____	E. Tengo sed.
6. I am thirsty. _____	F. Tengo hambre.
7. I am sleepy. _____	G. Tengo sueño.

4.6.b Actividades: Usa la forma correcta de **to be** o **to have** para completar cada oración.

1. Lydia __has__ three sisters.
2. The teachers __are__ hardworking.
3. I _____ a good job.
4. We _____ tired.
5. The woman _____ in love.
6. Those people _____ a beautiful house.
7. Those men _____ from Guatemala.
8. That backpack _____ blue and white.
9. Edgar and I _____ two cats.
10. The table _____ broken.

11. The cherries _____ good.
12. Luciano _____ a big family.
13. Miguel and I _____ married.
14. Frida _____ long, brown hair and brown eyes.
15. The women _____ beautiful.
16. Those people _____ cashiers.
17. That child _____ short hair.
18. I _____ two jobs (trabajos).
19. That car _____ dirty.
20. Gabriel _____ three apples and two peaches.

4.6.c Actividades: Traduce las siguientes oraciones.

1. Conci está enferma. __Conci is sick.__
2. Lillian tiene un vestido nuevo. _____
3. Ellos tienen dos trabajos (jobs). _____
4. La casa está limpia. _____
5. Mi novio es guapo. _____
6. Elvira tiene un carro viejo. _____
7. Enrique y yo tenemos dos hijas. _____
8. Los hombres son flojos. _____

La edad es otro ejemplo en el que usas el verbo tener en español y el verbo **to be** en inglés. Observa las siguientes conversaciones.

*¿Cuántos años tienes?   *¿Cuántos años tienes?   *¿Cuántos años tiene tu hijo?
** Tengo 22 años.   ** Tengo 22 años también.   ** Él tiene dos años.

Fíjate que nunca puedes decir

- ~~I have 22 years old~~.

- ~~I am 22 years~~.

- ~~My son has 4 years old~~.

- ~~My son is 22 years~~.

Para hablar de tu edad, necesitas aprender más números. Los puedes encontrar a continuación.

Vocabulario: Números del 11 al 100

11 eleven	20 twenty	29 twenty-nine	70 seventy
12 twelve	21 twenty-one	30 thirty	71 seventy-one
13 thirteen	22 twenty-two	31 thirty-one	80 eighty
14 fourteen	23 twenty-three	40 forty	81 eighty-one
15 fifteen	24 twenty-four	41 forty-one	90 ninety
16 sixteen	25 twenty-five	50 fifty	91 ninety-one
17 seventeen	26 twenty-six	51 fifty-one	100 one hundred
18 eighteen	27 twenty-seven	60 sixty	
19 nineteen	28 twenty-eight	61 sixty-one	

Cuando los números están formados por dos palabras, éstas están separadas por un guión (-). Es el caso de los números del veintiuno al veintinueve, del treinta y uno al treinta y nueve, y así sucesivamente.

4.7a Actividades: Escribe el número según corresponda.

1. 22 _twenty-two_	6. 16 _____	11. 19 _____	16. 34 _____
2. 41 _____	7. 58 _____	12. 84 _____	17. 99 _____
3. 62 _____	8. 12 _____	13. 90 _____	18. 100 _____
4. 54 _____	9. 18 _____	14. 11 _____	19. 40 _____
5. 70 _____	10. 14 _____	15. 13 _____	20. 77 _____

4.7.b Actividades: Una de las oraciones en cada línea no es correcta. Tacha la oración **incorrecta**.

1a. ~~Lucas has 24 years.~~   1b. Lucas is 24 years old.

2a. I have 19 years old.   2b. I am 19 years old.

3a. We are 44.   3b. We have 44.

4a. The women are 37 years old.   4b. The women is 37 years old.

5a. I am 22 years old.   5b. I am 22 years.

6a. That man is 97 years.   6b. That man is 97 years old.

7a. Lynn and I are 34.   7b. Lynn and I have 34.

8a. I have 17.   8b. I am 17.

4.7.c Actividades: Lee la lista de estudiantes y sus edades. Luego responde las preguntas acerca de las edades de los estudiantes.

Name	Age
Bernardo Rossini	20
Lucas Verbena	16
Pamela Rosen	19
Lucinda Black	18
Barbara Putney	19
Angi Sanchez	17
Peter Kemp	18

1. How old is Bernardo Rossini? _He is 20 years old._

2. How old is Lucas Verbena? _____

3. How old are Pamela Rosen and Barbara Putney? _____

4. How old is Angi Sanchez? _____

5. How old are Lucinda Black and Peter Kemp? _____

📖 *Resumen del capítulo 4*

El verbo to have

El verbo **to have** (tener) se conjuga de la siguiente manera:

I **have**	he **has**
you **have**	she **has**
we **have**	it **has**
they **have**	

El uso de a y an antes de los adjetivos

Usa **a** antes de un adjetivo o sustantivo singular que comienza con una consonante y **an** antes de un adjetivo o sustantivo singular que comienza con una vocal.

► I have a new car.

► I have an old car.

Nunca debes usar a o an antes de adjetivos que están ubicados justo antes de sustantivos plurales.

► ~~We have a good books.~~

Adjetivos que describen lo que tienes

En oraciones que hablan de lo que tienes, el adjetivo está ubicado antes del sustantivo.

► I have a **red** car. (Tengo un carro nuevo.)

► Laura has a **new** backpack. (Laura tiene una mochila nueva.)

Las terminaciones de los adjetivos en inglés <u>no</u> cambian de acuerdo a lo que el adjetivo modifique.

► I have a **new** book. (Tengo un libro nuevo.)

► I have two **new** books. (Tengo dos libros nuevos.)

Diferencias entre to be y to have

El siguiente cuadro te muestra algunas situaciones en las que usas tener en español pero usas **to be** en inglés.

Vocabulario: Expresiones con to be	
I **am** hungry.	Tengo hambre.
I **am** thirsty.	Tengo sed.
I **am** hot.	Tengo calor.
I **am** cold.	Tengo frío.
I **am** lucky.	Tengo suerte.
I **am** afraid.	Tengo miedo.
I **am** sleepy.	Tengo sueño.

Para hablar de la edad, debes usar el verbo **to be**.

► I am 24 years old.

No debes decir

► ~~I have 24 years old.~~

¡Más ejercicios!

P4.a Actividades: Usa **have** o **has** para completar cada oración.

1. My sister ___has___ a desk.

2. I _____ a nice (agradable) boyfriend.

3. She _____ a blue and green dress.

4. You _____ an interesting textbook.

5. They _____ two children.

6. My brother _____ a good teacher.

7. The teacher _____ hardworking students.

8. My parents _____ three children.

9. Ana _____ a nice garden.

10. Jose and Linda _____ a new car.

11. I _____ a new backpack.

12. The doctor _____ six dogs.

13. We _____ a clean house.

14. The man _____ a beautiful girlfriend.

15. I _____ a good life (vida).

P4.b Actividades: Escribe **S** después del sustantivo si es singular y **P** si es plural.

1. child ___S___

2. women _____

3. tooth _____

4. foot _____

5. man _____

6. people _____

7. men _____

8. children _____

9. feet _____

10. teeth _____

11. person _____

12. woman _____

P4.c Actividades: Escribe el número según corresponda.

1. 22 ___twenty-two___

2. 43 _____

3. 65 _____

4. 86 _____

5. 11 _____

6. 91 _____

7. 85 _____

8. 30 _____

9. 49 _____

10. 14 _____

11. 18 _____

12. 86 _____

13. 64 _____

14. 77 _____

15. 36 _____

16. 34 _____

17. 55 _____

18. 100 _____

19. 90 _____

20. 47 _____

P4.d Actividades: Transforma cada sustantivo en plural.

1. party ___parties___

2. city _____

3. dress _____

4. man _____

5. class _____

6. girl _____

7. church _____

8. child _____

9. aunt _____

10. boy _____

11. kiss _____

12. peach _____

13. lady _____

14. baby _____

15. foot _____

16. eraser _____

17. tooth _____

18. notebook _____

19. woman _____

20. cherry _____

P4.e Actividades: Una de las oraciones en cada línea no es correcta. Tacha la oración **incorrecta**.

1a. ~~I have a two sisters.~~

2a. María has a nice house.

3a. I have a apple.

4a. We have a good teacher.

5a. Juan has four textbook.

6a. Laura has beautiful dresses.

7a. I have a problem big.

8a. Lisa has three dogs.

9a. I am healthy.

10a. They have friend in Utah.

11a. The childs are tired.

12a. The men are sick.

13a. He's a good boy.

14a. She has 16 years.

15a. The women are from NY.

1b. I have two sisters.

2b. María has nice house.

3b. I have an apple.

4b. We have a teacher good.

5b. Juan has four textbooks.

6b. Laura has dresses beautiful.

7b. I have a big problem.

8b. Lisa has three dog.

9b. I have healthy.

10b. They have a friend in Utah.

11b. The children are tired.

12b. The men have sick.

13b. He's a boy good.

14b. She is 16 years old.

15b. The womens are from NY.

P4.f Actividades: Usa la forma correcta de **to be** o **to have** para completar cada oración.

1. Alfonso __has___ a big house.

2. The students ___are___ hardworking.

3. She _____ a good job.

4. They _____ in love.

5. The woman _____ two children.

6. I _____ a beautiful garden.

7. That man _____ from Peru.

8. The erasers _____ white.

9. Louisa _____ a brown dog.

10. I _____ a beautiful garden.

11. That peach _____ big.

12. Cecilia _____ brown eyes.

13. I _____ 24 years old.

14. Francisco and I _____ two children.

15. The child _____ a new book.

16. Martha _____ 45 years old.

P4.g Actividades: Cada oración tiene un error, que está subrayado. Escribe de nuevo la oración con el error corregido.

1. Susan <u>has</u> 30 years old. _____Susan is 30 years old._____

2. Marco <u>has</u> 24 years old. _____

3. Angel and Lupita <u>are</u> three children. _____

4. I am <u>no</u> in love. _____

5. We have a <u>daughter sick</u>. _____

6. Anna <u>has</u> 14 years old. _____

7. Linda and I <u>have</u> happy. _____

8. The men <u>no are</u> from Cuba. _____

P4.h Actividades: Lee el párrafo. Luego usa oraciones completas para responder las preguntas. Cuando se pueda, usa contracciones.

Lucas is from El Salvador. He is 55 years old. He has long, curly hair and black eyes. He is short and heavy. He is a gardener (*jardinero*). He is hardworking. He is married and he has two children, a son and a daughter. His daughter is married. She has two children, Michael and Anna. Michael is 10 years old and Anna is 8 years old. Lucas also (*también*) has a lazy dog. Her name is Lulu. She is 12 years old.

1. How old is Lucas? _____He's 55 years old._____

2. Is Lucas a construction worker? _____

3. What is his job? _____

4. How old is Michael? _____

5. How old is Anna? _____

6. How old is the dog? _____

7. Is Lucas a grandfather (abuelo)? _____

8. Is Lucas young? _____

9. Is Lucas single? _____

10. Where is Lucas from? _____

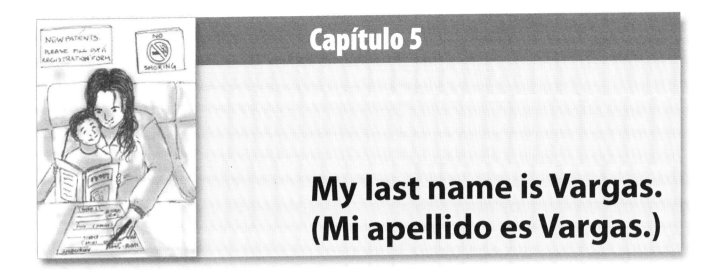

Capítulo 5

My last name is Vargas.
(Mi apellido es Vargas.)

Aunque no lo parezca, algunas de las palabras más usadas en un idioma tienen que ver con las relaciones entre las personas y con lo que pertenece a ellas. Imagínate, por ejemplo, si no tuvieras manera de presentar tu esposa o esposo a un amigo o de explicar que algo te pertenece. Este capítulo se concentra en los ***adjetivos posesivos***, las palabras que nos permiten hablar sobre estas relaciones tan importantes.

Al finalizar este capítulo, podrás:

- Hablar sobre tus parientes (como tías, tíos y sobrinos)
- Usar adjetivos posesivos para describir qué pertenece a quién
- Responder preguntas acerca de tu primer nombre, segundo nombre y apellido

Los adjetivos posesivos se usan para indicar que algo pertenece a alguien. Tanto en inglés como en español, cada adjetivo posesivo está asociado con un pronombre personal. Estudia el siguiente cuadro.

Pronombres personales	Adjetivos posesivos en inglés	Adjetivos posesivos en español
I (yo)	**my**	mi, mis
you (tú, usted)	**your**	tu, tus, su, sus
he (él)	**his**	su (de él), sus (de él)
she (ella)	**her**	su (de ella), sus (de ella)
it	**its**	su
we (nosotros, nosotras)	**our**	nuestro, nuestra, nuestros, nuestras
they (ellos, ellas)	**their**	su (de ellos), su (de ellas), sus (de ellos), sus (de ellas)

Comencemos por el adjetivo posesivo **my**. Como indica el cuadro, **my** significa mi y mis. Ahora, observa estos ejemplos.

*Mi gato es negro.   *Mis perros son blancos.

Fíjate que en ambos ejemplos el adjetivo posesivo es **my**, ya sea que se trate de un objeto de posesión singular o plural.

Con frecuencia usas adjetivos posesivos con los nombres de los miembros de tu familia, así que estudia estas palabras.

Vocabulario: Miembros de la familia

wife (esposa)	**aunt** (tía)	**grandmother** (abuela)
husband (esposo)	**uncle** (tío)	**grandfather** (abuelo)
daughter (hija)	**niece** (sobrina)	**granddaughter** (nieta)
son (hijo)	**nephew** (sobrino)	**grandson** (nieto)
parents (padres)	**cousin*** (prima, primo)	**relatives** (parientes, familiares)

*La palabra en inglés para primo, **cousin**, se refiere a un hombre o una mujer. De la misma manera, **cousins** se refiere a más de un primo o prima, sin importar el sexo de las personas.

5.1.a Actividades: A continuación hay una lista de parientes de sexo femenino. En la columna de la derecha, escribe el nombre del pariente de sexo masculino correspondiente.

1. sister   brother   5. daughter

2. mother   6. grandmother

3. aunt   7. granddaughter

4. wife   8. niece

5.1.b Actividades: A continuación hay una lista de parientes de sexo masculino. En la columna de la derecha, escribe el nombre del pariente de sexo femenino correspondiente.

1. father   mother   5. nephew

2. husband   6. grandson

3. brother   7. uncle

4. grandfather   8. son

5.1.c Actividades: Traduce los nombres de estos miembros de la familia.

1. mi hermana   my sister   6. mis tías

2. mis hermanas   my sisters   7. mis padres

3. mi hermano   8. mi tío

4. mis hermanos   9. mi prima

5. mi tía   10. mi primo

5.1.d Actividades: Traduce las siguientes oraciones.

1. Mi tía es de San Francisco.   My aunt is from San Francisco.

2. Mi prima tiene ojos de color negro.

3. Mis hermanas son de Guadalajara.

4. Mis niños son inteligentes.

5. Mi abuela es vieja.

6. Mi esposo tiene pelo de color negro.

7. Mis amigas tienen un carro nuevo.

8. Mis nietas son trabajadoras.

9. Mi tía es de Lima.

10. Mi sobrino es cajero.

En esta sección aprenderás a usar los adjetivos posesivos **his** y **her**.

▶ **his** significa su (de él) y sus (de él)

▶ **her** significa su (de ella) y sus (de ella)

Observa los siguientes ejemplos.

Marco has a cat.
(Marco tiene un gato.)
His cat is black.
(Su gato es negro.)

Marco has two dogs.
(Marco tiene dos perros.)
His dogs are black.
(Sus perros son negros.)

En los dos ejemplos, debes usar el adjetivo posesivo **his** porque los animales pertenecen a Marco, que es un hombre. Ahora observa estos ejemplos.

Amanda has a cat.
(Amanda tiene un gato.)
Her cat is white.
(Su gato es blanco.)

Amanda has two dogs.
(Amanda tiene dos perros.)
Her dogs are white.
(Sus perros son blancos.)

En estas oraciones, debes usar el adjetivo posesivo **her** porque los gatos y los perros pertenecen a Amanda, que es una mujer.

Regla de gramática: En inglés, lo que determina cuál adjetivo posesivo se debe usar es el poseedor (la persona que posee el sustantivo del cual se habla).

Errores comunes con his y he

Con frecuencia, las personas que están aprendiendo inglés usan el pronombre **he** cuando deberían usar **his**. Por ejemplo, es común que la gente diga

▶ ~~He brother is a teacher~~.

Lo que deberían decir es

▶ His brother is a teacher. (Su hermano es maestro. El hermano de él es maestro.)

5.2.a Actividades: Completa las siguientes oraciones con **my, his** o **her**.

1. She has a book. ___Her___ book is interesting.

2. She has a job. _____ job is good.

3. I have a house. _____ house is small.

4. Martin has a dog. _____ dog is brown and white.

5. He has beautiful eyes. _____ eyes are big and black.

6. I have a sister. _____ sister is beautiful.

7. Ana has a boyfriend. _____ boyfriend has brown hair and blue eyes.

8. Raymundo has a girlfriend. _____ girlfriend is a nurse.

9. Leo has a new textbook. _____ textbook is interesting.

10. Anita has beautiful hair. _____ hair is long and curly.

11. Alice has a job. _____ job is interesting.

12. I have two cousins. _____ cousins are cooks.

5.2.b Actividades: Completa las oraciones en el párrafo con **my, his** o **her**.

___My___ name is Emily. I have a sister. _____ name is Lisa. I have a brother. _____ name is Arturo.
1.   2.   3.
Arturo is married. _____ wife is Rebecca.
4.

5.2.c Actividades: Reemplaza los espacios en blanco con **he** o **his**.

1. ___He___ is my friend.   3. _____ has a good job.   5. _____ shirt (camisa) is red.

2. _____ friend is from Japan.   4. _____ is in love.   6. _____ name is Juan.

5.2.d Actividades: Reemplaza los espacios en blanco con **she** o **her**.

1. ___She___ is a homemaker.   3. _____ sister is a nurse.   5. _____ dress is beautiful.

2. _____ has two sisters.   4. _____ has a big problem.   6. _____ name is Sandra.

5.2.e Actividades: Traduce las siguientes oraciones.

1. La casa de él está limpia. ___His house is clean.___

2. La casa de ella está limpia. _____

3. El carro de él está sucio. _____

4. El carro de ella está sucio. _____

5. La maestra de ella es muy (very) bonita. _____

En esta sección, aprenderás dos adjetivos posesivos más: **your** y **our**.

El adjetivo posesivo your

El adjetivo posesivo **your** (tu, tus, su y sus) se debe usar cuando algo pertenece a la persona con quien estás hablando. Observa los siguientes ejemplos:

*Tus zapatos son bonitos.   **Tu carro es bonito.*

Observa que siempre debes usar el mismo adjetivo posesivo, **your**, ya sea que el sustantivo que le sigue sea singular o plural.

Comparemos Your y You're

A pesar de que **your** y **you're** se pronuncian de la misma manera, sus significados son diferentes. **Your** es un adjetivo posesivo que se usa para indicar que algo pertenece a la persona con quien estás hablando. Por ejemplo, puedes decir

► **Your** friend is from Mexico. (Tu amigo es de México.)

Por otra parte, **you're** es una contracción que significa **you are**. Puedes decir

► **You're** my friend. (Tú eres mi amigo.)

El adjetivo posesivo our

El adjetivo posesivo **our** se usa para decir nuestro, nuestra, nuestros y nuestras. A continuación hay algunos ejemplos.

► Luis and I have a car. **Our** car is broken. (Luis y yo tenemos un carro. **Nuestro** carro está roto.)

► Luis and I have two cars. **Our** cars are broken. (Luis y yo tenemos dos carros. **Nuestros** carros están rotos.)

También en este caso, siempre debes usar el mismo adjetivo posesivo, **our**, ya sea que el sustantivo que le sigue sea singular o plural.

5.3.a Actividades: Completa las siguientes oraciones con el adjetivo posesivo **my, his, her, your** o **our**.

1. Martin and I have a textbook. ___Our___ textbook is interesting.

2. Raymondo and I have two daughters. _____ daughters are in Guatemala.

3. You are lucky. You have two bicycles. _____ bicycles are new.

4. Juan has a car. _____ car is new.

5. I have a boyfriend (novio). _____ boyfriend is handsome.

6. My nephew has a girlfriend (novia). _____ girlfriend is beautiful.

7. You have a garden. _____ garden is big.

8. My niece has a dog. _____ dog is black.

5.3.b Actividades: Completa las siguientes oraciones con **you, your, we** o **our**.

1. We are from the United States. ___Our___ grandmother is from France.

2. Janet and I are teachers. _____ are happy.

3. You are beautiful. _____ also (también) are a good person.

4. Bernice and I are friends. _____ husbands are friends also.

5. My uncle and I are hungry. _____ also are tired.

6. You are a salesperson. _____ have a difficult job.

7. Adam and I are in love. _____ are happy.

8. You have a good husband. _____ husband has a good wife.

5.3.c Actividades: Subraya **your** o **you're** para formar una oración correcta.

1. (Your, <u>You're</u>) from Chicago.

2. (Your, You're) a good person.

3. (Your, You're) beautiful.

4. (Your, You're) a homemaker.

5. Is (your, you're) aunt a doctor?

6. (Your, You're) dog is black.

5.3.d Actividades: Traduce las siguientes oraciones.

1. Tu sobrino es guapo. ___Your nephew is handsome.___

2. Tu jardín es bonito. _____

3. Las niñas de ella son inteligentes. _____

4. Tus primos son de Dallas. _____

5. Juan y yo estamos cansados. Nuestros trabajos son difíciles. _____

6. Cecilia y yo somos amigas. Nuestras madres son amigas también (also). _____

En esta sección, aprenderás los últimos dos adjetivos posesivos: **its** y **their**.

El adjetivo posesivo its

El adjetivo posesivo **its** se debe usar para indicar que algo pertenece a otro objeto o a un animal. Observa el siguiente ejemplo:

*Tengo un pez. Su nombre es Bobo.

El adjetivo posesivo their

El adjetivo posesivo **their** se debe usar para hablar de gente relacionada con o cosas pertenecientes a más de una persona, sin incluirte a ti mismo. **Their** en español significa:

- ▶ su (de ellas o de ellos)
- ▶ sus (de ellas o de ellos)

A continuación hay algunos ejemplos del uso de **their**:

- ▶ My parents have a dog. **Their** dog is big. (Mis padres tienen un perro. Su perro es grande.)
- ▶ My parents have two dogs. **Their** dogs are big. (Mis padres tienen dos perros. Sus perros son grandes.)

Comparemos Their y They're

Their y **they're** se pronuncian de la misma manera pero tienen significados diferentes. **Their** es un adjetivo posesivo. Por ejemplo,

- ▶ **Their** mother has two children. (Su madre tiene dos niños. La madre de ellos tiene dos niños.)

They're es una contracción que significa **they are**. Por ejemplo,

- ▶ **They're** from New York. (Ellos son de Nueva York.)

Sutilezas del idioma: Una tercera palabra, **there**, se pronuncia de la misma manera que **their** y **they're**. **There** significa allí. También es similar a hay.

5.4.a Actividades: Completa las siguientes oraciones con el adjetivo posesivo **his, her** o **their**.

1. Martin and Edward have a textbook. _____Their_____ textbook is interesting.

2. Linda and Manuel have two daughters. _____ daughters are in Oregon.

3. Arnold has two bicycles. _____ bicycles are new.

4. My niece is a teacher. _____ job is difficult.

5. Peter and Alejandro have a dog. _____ dog is very (muy) sick.

6. Isabel has a boyfriend. _____ boyfriend is hardworking.

7. The brothers have a new job. _____ job is easy (fácil).

8. My niece has a dog. _____ dog is always (siempre) hungry.

9. Edgar has eleven uncles. _____ family is very big.

10. My aunt is from Argentina but (pero) _____ English is good.

5.4.b Actividades: Completa las siguientes oraciones con **he, his, she, her, they** o **their**.

1. My brothers have a car but ___their___ car is always broken.

2. Flora and Ray aren't cooks. _____ are waiters.

3. Arnoldo and Lola have two children. _____ also have two dogs.

4. My aunt has a new blouse (blusa). _____ blouse is beautiful.

5. Martin is a doctor. _____ job is difficult (difícil).

6. Laura and Miguel have a new house. _____ house is always cold.

7. Benito and Lulu have a fish. _____ fish is sick.

8. My grandfather is very old. _____ is hardworking too.

5.4.c Actividades: Subraya **their** o **they're** para formar una oración correcta.

1. (Their, <u>They're</u>) from NY.

2. (Their, They're) here (aquí).

3. (Their, They're) my friends.

4. (Their, They're) names are Al and Max.

5. (Their, They're) sister is sick.

6. (Their, They're) car is broken.

5.4.d Actividades: Traduce las siguientes oraciones.

1. Anna y Mario tienen una casa. Su casa es bonita. _Anna and Maria have a house. Their house is pretty._

2. Mis primos tienen un jardín. Su jardín es bonito. _____

3. Mi tía y mi tío tienen un carro. Su carro está roto. _____

4. Mis padres tienen una casa grande. Su casa está en Michoacán. _____

5.5   Comunicar tu primer nombre, segundo nombre y apellido

Ahora que tienes ciertos conocimientos de la gramática del inglés, puedes comunicar tus datos personales. El siguiente cuadro te muestra una lista con los tipos de preguntas sobre tu nombre que es común que la gente te haga. En este caso, la persona que responde las preguntas es una mujer llamada Ana Vargas González.

What is your name?*
(¿Cómo te llamas? ¿Cuál es tu nombre?)

My name is Ana Vargas Gonzalez.
(Mi nombre es Ana Vargas González.)

What is your first name?
(¿Cuál es tu primer nombre?)

My first name is Ana.
(Mi primer nombre es Ana.)

What is your last name?
(¿Cuál es tu apellido?)

My last name is Gonzalez.
(Mi apellido es González.)

What is your middle name?
(¿Cuál es tu segundo nombre?)

My middle name is Vargas.
(Mi segundo nombre es Vargas.)

What is your middle initial?
(¿Cuál es la inicial de tu segundo nombre?)

My middle initial is V.
(La inicial de mi segundo nombre es V.)

What is your full name? What is your complete name?**
(¿Cuál es tu nombre completo?)

My complete name is Ana Vargas Gonzalez.
(Mi nombre completo es Ana Vargas González.)

*Si alguien te pregunta en inglés cómo te llamas y es una situación bastante formal, como una entrevista de trabajo, debes responder con tu nombre completo. Si alguien te pregunta cómo te llamas en una situación informal, como una fiesta, puedes darle sólo tu primer nombre.

**Full name y complete name significan nombre completo.

Imagínate que llevas a tu bebé Héctor al médico y la enfermera te pregunta

▶ **What is his name?** (¿Cuál es su nombre?)

Puedes responder

▶ **His name is Hector Garcia Lopez.** (Su nombre es Héctor García López.)

Si la bebé fuera una niña, la enfermera te preguntaría

▶ **What is her name?** (¿Cuál es su nombre?)

Podrías responder

▶ **Her name is Dulce Garcia Lopez.** (Su nombre es Dulce García López.)

Si los bebés fueran mellizos, la enfermera te preguntaría

▶ **What are their names?** (¿Cuáles son sus nombres?)

Tu respuesta sería

▶ **Their names are Hector Luis Lopez and Dulce Garcia Lopez.** (Sus nombres son Héctor García López y Dulce García López.)

5.5.a Actividades: Responde cada pregunta con una oración completa.

 Juan Garcia Castro

 Patricia Ortiz Sanchez

1. What is his full name?   His full name is Juan Garcia Castro.

2. What is his first name?

3. What is his middle name?

4. What is his last name?

5. What is his middle initial?

6. What is her full name?

7. What is her first name?

8. What is her middle name?

9. What is her last name?

10. What is her middle initial?

11. What is your full name?

12. What is your first name?

13. What is your middle name?

14. What is your last name?

15. What is your middle initial?

5.5.b Actividades: Usa las siguientes palabras para llenar los espacios en blanco. Elige cada palabra una sola vez y táchala después de usarla. Luego, practica la conversación con un amigo.

~~your~~   am   name   a   I'm   years   job   you

Luis: What is ___your___ name?
1.

Anna: My _____ is Anna Garcia.
2.

Luis: How old are you?

Anna: _____ 32 _____ old.
3.   4.

Luis: What is your _____ ?
5.

Anna: I am _____ nurse.
6.

Luis: Are _____ happy in the United States?
7.

Anna: Yes, I _____
8.

📖 *Resumen del capítulo 5*

Los adjetivos posesivos

Los **adjetivos posesivos** (***possessive adjectives***) se usan para indicar que algo pertenece a alguien.

Pronombres personales	Adjetivos posesivos en inglés	Adjetivos posesivos en español
I (yo)	**my**	mi, mis
you (tú, usted)	**your**	tu, tus, su, sus
he (él)	**his**	su (de él), sus (de él)
she (ella)	**her**	su (de ella), sus (de ella)
it	**its**	su
we (nosotros, nosotras)	**our**	nuestro, nuestra, nuestros, nuestras
they (ellos, ellas)	**their**	su (de ellos), su (de ellas), sus (de ellos), sus (de ellas)

En inglés, lo que determina cuál adjetivo posesivo se debe usar es el poseedor.

▶ Susan has a new car. **Her** car is expensive. (Susan tiene un carro nuevo. Su carro es costoso.)

▶ Mario has a new car. **His** car is expensive. (Mario tiene un carro nuevo. Su carro es costoso.)

Primer nombre, segundo nombre y apellido

What is your name? (¿Cómo te llamas? ¿Cuál es tu nombre?)	**My name is Ana Vargas Gonzalez.** (Mi nombre es Ana Vargas González.)
What is your first name? (¿Cuál es tu primer nombre?)	**My first name is Ana.** (Mi primer nombre es Ana.)
What is your last name? (¿Cuál es tu apellido?)	**My last name is Gonzalez.** (Mi apellido es González.)
What is your middle name? (¿Cuál es tu segundo nombre?)	**My middle name is Vargas.** (Mi segundo nombre es Vargas.)
What is your middle initial? (¿Cuál es la inicial de tu segundo nombre?)	**My middle initial is V.** (La inicial de mi segundo nombre es V.)
What is your full name? **What is your complete name?** (¿Cuál es tu nombre completo?)	**My full name is Ana Vargas Gonzales.** (Mi nombre completo es Ana Vargas González.)

✏️ ¡Más ejercicios!

P5.a Actividades: Escribe si cada pariente es de sexo masculino o femenino. Luego, escribe el nombre del pariente del sexo opuesto.

Relación del pariente	¿Este pariente es de sexo masculino o femenino?	Nombre del pariente del sexo opuesto
aunt	1a. _femenino_	1b. _uncle_
son	2a. _____	2b. _____
brother	3a. _____	3b. _____
grandmother	4a. _____	4b. _____
nephew	5a. _____	5b. _____

P5.b Actividades: Completa las oraciones con **my, your, his, her, its, our** o **their**.

_My_ name is Marcela. I am a student. _____ sister is a nurse. _____ name is Barbara. _____ brother is a construction worker. _____ name is Marcos. Marcos is married. _____ wife is Andrea. Marcos and Andrea have two children. _____ names are Isabel and Miguel. Isabel has a fish (un pez). _____ name is Happy. We live in a small house. _____ house is beautiful.

P5.c Actividades: Completa las siguientes oraciones con **my, your, his, her, its, our** o **their**.

1. Martin and I are teachers. _Our_ job is interesting.

2. Linda and Manuel are nurses. _____ job is difficult.

3. I have two bicycles. _____ bicycles are new.

4. Angi is from Guatemala. _____ English is good.

5. Peter and I have a fish. _____ fish is orange.

6. Jesus has a girlfriend. _____ girlfriend is funny (chistosa).

7. My sisters have a new job. _____ job is in San Francisco.

8. My niece has a dog. _____ dog is always (siempre) thirsty.

P5.d Actividades: Completa las siguientes oraciones con **I, my, you, your, he, his, she** o **her**.

1. Laura is a teacher. _Her_ job is interesting.

2. Janet is a teacher. _____ has a good job.

3. Mr. Lopez is from Nicaragua. _____ family is in the United States.

4. Mrs. Lopez is a nurse. _____ has three children.

5. I'm not tired, but _____ am hungry.

6. You are my friend. _____ husband is my friend also.

P5.e Actividades: Una de las respuestas en cada línea es la correcta. Tacha la respuesta **incorrecta**.

1. Maria has a car.

1a. Her car is red.

1b. ~~His car is red.~~

2. Marco has a jacket.

2a. Her jacket is red.

2b. His jacket is red.

3. Maria and Miguel have a daughter.

3a. Their daughter is tired.

3b. Her daughter is tired.

4. I have an uncle.

4a. His uncle is healthy.

4b. My uncle is healthy.

5. My sisters have a car.

5a. Their car is new.

5b. My car is new.

6. Ana has a dress.

6a. Her dress is green.

6b. His dress is green.

7. Ana and Lisa have a brother.

7a. Their brother is handsome.

7b. Her brother is handsome.

8. We have a dog.

8a. Their dog is brown.

8b. Our dog is brown.

9. You have a nice family.

9a. Your family is big.

9b. Their family is big.

10. The man is worried. (preocupado)

10a. His daughter is sick.

10b. Her daughter is sick.

P5.f Actividades: Traduce las siguientes oraciones al inglés.

1. Tenemos un carro blanco.

   We have a white car.

2. Nuestra sobrina es de Madrid.

3. Mi abuela tiene una casa grande.

4. Mi hermana tiene ojos de color azul.

5. El apellido de él es Márquez.

6. Nuestro trabajo es difícil.

7. El doctor es de Chicago. Su nombre es Paul.

8. La maestra es de New York. Su nombre es Louisa.

P5.g Actividades: Completa las tarjetas de identificación para cada una de las siguientes personas. La primera tarjeta ya está hecha.

Tarjeta de identificación 1: My name Angelica Martinez Torres. My address *(dirección)* is 45 Green Street. My city *(ciudad)* is Chicago. My state *(estado)* is Illinois. My zip code *(código postal)* is 68754. My telephone number *(número de teléfono)* is (312) 999-3357. My age *(edad)* is 44.

Tarjeta de identificación 2: My name Luis Jonathan Alvarez. My address is 15 First Avenue. My city is Placerville. My state is Georgia and my zip code is 32333. My telephone number is (646) 644-1245. I am 24 years old.

Tarjeta de identificación 3: My name Cynthia Martinez Fox. My address is 576 University Ave. My city is White Plains. My state is New York and my zip code is 10605. My telephone number is (924) 655-1246. My age is 31.

Tarjeta de identificación 4: Completa la tarjeta con tus datos.

IDENTIFICATION CARD 1	IDENTIFICATION CARD 2
FIRST NAME Angelica	FIRST NAME
MIDDLE INITIAL M.	MIDDLE INITIAL
LAST NAME Torres	LAST NAME
STREET ADDRESS 45 Green Street	STREET ADDRESS
CITY Chicago	CITY
STATE Illinois ZIP 68795	STATE ZIP
TELEPHONE NUMBER (312) 999-3357	TELEPHONE NUMBER
AGE 44	AGE

IDENTIFICATION CARD 3	IDENTIFICATION CARD 4
FIRST NAME	FIRST NAME
MIDDLE INITIAL	MIDDLE INITIAL
LAST NAME	LAST NAME
STREET ADDRESS	STREET ADDRESS
CITY	CITY
STATE ZIP	STATE ZIP
TELEPHONE NUMBER	TELEPHONE NUMBER
AGE	AGE

Apéndice A: Respuestas a los ejercicios

Capítulo 1

1.1.a 1a. Laura 1b. perro 1c. gatos 2a. arroz 2b. frijoles 3a. paloma 3b. jardín 4a. estudiantes 4b. aula 5a. casa 6a. Miguel 6b. Ernesto 6c. amigos 7a. lápiz 7b. mesa 8a. Juan 8b. Chicago

1.1.b 1. the chair 2. the store 3. the book 4. the girl 5. the table 6. the teacher 7. the house 8. the student 9. the school 10. the car 11. the boy 12. the teacher

1.2.a 1. S 2. P 3. S 4. P 5. P 6. S 7. S 8. P 9. P 10. S 11. S 12. P 13. P 14. S 15. S 16. P 17. S 18. P 19. S 20. P 21. P 22. S

1.2.b 1. the nurses 2. the teachers 3. the students 4. the stores 5. the dogs 6. the chairs 7. the books 8. the houses 9. the cars 10. the tables 11. the schools 12. the brothers

1.2.c 1. the table 2. the tables 3. the dog 4. the brothers 5. the cats 6. the chairs 7. the teacher 8. the books 9. the chair 10. the teachers 11. the mother 12. the houses 13. the cars 14. the student 15. the student 16. the students 17. the students 18. the sisters

1.3.a 1. S 2. P 3. P 4. S 5. P 6. S 7. S 8. P 9. S 10. P 11. S 12. P 13. P 14. P 15. S 16. S

1.3.b 1. El estudiante es 2. Ellos están 3. Nosotras somos 4. La maestra está 5. Las sillas son 6. El vecindario es 7. El carro está 8. Los estudiantes están 9. Yo soy 10. Alex y yo somos 11. Jennifer Lopez es 12. Las montañas son 13. Las mujeres están 14. Enrique y yo somos 15. Los perros están 16. Los libros están 17. La tienda está 18. Lucas está

1.4.a 1. ellos ellas 2. él 3. yo 4. nosotros nosotras 5. tú usted ustedes 6. ella

1.4.b 1. he 2. she 3. I 4. they 5. we 6. you

1.4.c 1. she 2. you 3. he 4. she 5. they 6. you 7. I 8. you 9. we 10. they

1.4.d 1. she 2. he 3. they 4. they 5. she 6. they 7. they 8. he 9. she 10. they 11. he 12. they 13. they 14. she 15. he 16. they

1.5.a 1. He is from San Luis Potosi. 2. Linda is from Zacatecas. 3. Anna is from Nicaragua. 4. Peter is from Ecuador. 5. Jesus is from Cuba. 6. Wendy is from Chihuahua. 7. Dulce is from Guerrero. 8. Francisco is from Santiago. 9. Gabriela is from Hidalgo. 10. Edgar is from the USA.

1.5.b 1b. I from Bolivia. 2a. I from New York. 3a. My from is Puerto Rico. 4a. I from Guatemala. 5b. Am from Seattle. 6a. I from Ecuador. 7a. Am de Mexico.

1.5.c 1. I am from San Salvador. 2. I am from San Salvador. 3. I am from Honduras. 4. I am from Chiapas. 5. I am from Chiapas.

1.6.a 1. am 2. is 3. is 4. is 5. is 6. is 7. is 8. am 9. is 10. am

1.6.b 1. He 2. She 3. She 4. She 5. He

1.6.c 1b. She am from England. 2a. I is from New York. 3a. Is from Miami. 4b. Is from Chicago. 5b. Am from Santo Domingo.

1.6.d 1. Susan is from San Salvador. 2. Juan is from Michoacan. 3. My brother is from León. 4. He is from Guadalajara. 5. I am from Oaxaca. 6. The boy is from Santo Domingo.

1.7.a 1. am 2. are 3. is 4. is 5. are 6. are 7. are 8. is 9. am 10. is 11. are 12. are 13. is 14. are 15. are 16. am 17. are 18. is 19. are 20. are

1.7.b 1. Susan is from San Salvador. 2. Juan and Nancy are from Chicago. 3. My sister is from

Dallas. 4. They are from Lima. 5. We are from San Juan.

1.7.c 1b. ~~She are from England.~~ 2a. ~~I are from New York.~~ 3a. ~~We is from Miami.~~ 4b. ~~He are from Chicago.~~ 5b. ~~The boys am from Cuba.~~ 6a. ~~My from is Santiago.~~ 7a. ~~You is from Toyko.~~ 8a. ~~Lourdes are from the United States.~~

1.8.a 1a. ~~Susan she is from NY.~~ 2b. ~~Bob he is from Boston.~~ 3c. ~~Lily she is from Reno.~~ 4b. ~~Dan he is from Peru.~~ 5a. ~~The girls they are from LA.~~

1.8.b 1a. ~~Is from NY.~~ 2a. ~~Jose he is from Ecatepec.~~ 3a. ~~Are from Ciudad Juárez.~~ 4a. ~~Is from Puerto Rico.~~ 5a. ~~Lisa she is from Camaguey.~~ 6b. ~~Are from San Luis Potosí.~~ 7a. ~~I am NY.~~ 8a. ~~Ernesto is Guadalajara.~~ 9a. ~~Louisa and Anita from LA.~~ 10b. ~~He is Guatemala City.~~ 11a. ~~Lisa from Culiacan.~~ 12b. ~~We from Zapopan.~~ 13a. ~~I from Santo Domingo.~~ 14a. ~~They are Guadalupe.~~

1.8.c 1. am 2. are 3. is 4. are 5. are 6. are 7. are 8. is

P1.a 1. sons 2. daughters 3. friends 4. boys 5. books 6. sisters 7. teachers 8. girls

P1.b 1. P 2. S 3. S 4. P 5. S 6. S 7. S 8. P 9. P 10. S 11. S 12. P 13. S 14. P 15. S 16. P

P1.c 1. <u>Mi hermana</u> <u>está</u> 2. <u>Ellos</u> <u>son</u> 3. <u>El libro</u> <u>es</u> 4. <u>Ella</u> <u>está</u> 5. <u>Enrique</u> <u>es</u> 6. <u>Nosotros</u> <u>estamos</u> 7. <u>La fiesta</u> <u>es</u> 8. <u>Las mujeres</u> <u>son</u> 9. <u>El</u> <u>es</u> 10. <u>Las maestras</u> <u>están</u>

P1.d 1. they 2. I 3. we 4. you 5. she 6. he 7. you 8. they 9. we 10. you

P1.e 1. is 2. are 3. is 4. are 5. are 6. are 7. are 8. is 9. is 10. is 11. am 12. is 13. are 14. is 15. am 16. is 17. is 18. are 19. is 20. am

P1.f 1. The girls are from Mexico. 2. The boys are from Puerto Rico. 3. The teachers are from Guatemala. 4. The girls are from Bolivia 5. The doctors are from El Salvador. 6. The students are from San Francisco.

P1.g 1a. ~~I am Chicago.~~ 2b. ~~Ernesto he is from Guadalahara.~~ 3a. ~~Louisa and Anita from LA.~~ 4a. ~~Is from Guatemala City.~~ 5b. ~~Lisa she is from Haiti.~~ 6b. ~~We from Caracas.~~

7a. ~~I from Mexico City.~~ 8a. ~~Louisa she is from Guadalupe.~~ 9a. ~~He from United States.~~ 10b. ~~My brother he from Boston.~~

P1.h 1. They are from New York. 2. She is from Panama. 3. They are from Brazil. 4. He is from Argentina. 5. They are from Santiago. 6. They are from Las Vegas. 7. He is from the United States. 8. She is from Mexico City.

P1.i 1. She is from Nicaragua. 2. We are from San Diego. 3. The girls are from Chicago. 4. The teacher is from Guadalajara. 5. They are from Cancun. 6. The students are from Bogota. 7. I am from San Francisco. 8. The teachers are from Havana.

Capítulo 2

2.1.a 1. V 2. C 3. C 4. C 5. C 6. V 7. C 8. C 9. V 10. C 11. C 12. C 13. V 14. C 15. C 16. V 17. C 18. C 19. C 20. C

2.1.b 1. a 2. an 3. an 4. a 5. a 6. a 7. an 8. a 9. an 10. a 11. a 12. a 13. an 14. a 15. a 16. a 17. an 18. a 19. an 20. a

2.1.c 1a. ~~a egg~~ 2b. ~~an book~~ 3a. ~~a opera~~ 4b. ~~an chair~~ 5b. ~~an student~~ 6a. ~~a apple~~

2.1.d 1. the cat 2. a cat 3. the house 4. a house 5. a teacher 6. the teacher 7. the teachers 8. the cats 9. the stores 10. the store 11. a store 12. the chair 13. a girl 14. the girl 15. the girls 16. a chair

2.2.a 1. a 2. a 3. an 4. a 5. a 6. an 7. a 8. a 9. a 10. a 11. a 12. a 13. an 14. a 15. a 16. a

2.2.b 1. I am a doctor. 2. Anna is a cashier. 3. Juan is a teacher. 4. My brother is a waiter. 5. Juan is a construction worker. 6. He is an engineer. 7. Maria is from Cuba. 8. Lucas is a salesperson. 9. Lily is a salesperson. 10. Sandra is a homemaker. 11. I am a baby-sitter. 12. My mother is an engineer.

2.2.c 1b. ~~I am an doctor.~~ 2a. ~~Anna is a artist.~~ 3b. ~~Caroline is an doctor.~~ 4a. ~~Marco is a engineer.~~ 5b. ~~Tom is from a San Pablo.~~ 6b. ~~Laura is an nurse.~~

2.3.a 1b. ~~They are a waiters.~~ 2a. ~~Anna and Amy are artist.~~ 3b. ~~Coco and Adam are teacher.~~ 4a. ~~They are a engineers.~~ 5b. ~~Tom is nurse.~~ 6b. ~~Miguel and Anna are cook.~~ 7a. ~~He is a engineer.~~ 8b. ~~They are a artists.~~

2.3.b 1. They are doctors. 2. They are students. 3. They are nurses. 4. They are nurses. 5. The girls are students. 6. The boys are students. 7. The girls are artists. 8. The boys are artists.

2.3.c 1. They are engineers. 2. They are cashiers. 3. Marvin and Amanda are artists. 4. My sister is a waitress. 5. Juana and Adam are cooks. 6. I am a cook. 7. Louisa is an artist. 8. Luis is a salesperson. 9. Lily and Chelsea are nurses. 10. Sandra and Ramon are students.

2.4.a 1. joven 2. gordo 3. delgado, flaco 4. feliz 5. triste 6. bonita 7. feo 8. joven 9. viejo 10. saludable 11. enfermo 12. cansado

2.4.b 1. tall 2. short 3. young 4. old 5. thin 6. heavy 7. handsome 8. beautiful

2.4.c 1. bad 2. lazy 3. heavy 4. beautiful/pretty/ handsome 5. thin 6. happy 7. short 8. ugly 9. sick 10. sad 11. tall 12. ugly 13. good 14. hardworking 15. healthy 16. old

2.4.d Las respuestas dependen del estudiante.

2.5.a 1a. ~~My sisters are sads.~~ 2b. ~~They are intelligents.~~ 3a. ~~We are olds.~~ 4b. ~~The girls are beautifuls.~~ 5a. ~~The dogs are uglys.~~ 6b. ~~My father is youngs.~~

2.5.b 1. The girls are tired. 2. The teachers are happy. 3. The doctors are handsome. 4. The nurses are hardworking. 5. The lawyers are intelligent. 6. The waiters are young. 7. The engineers are beautiful. 8. The cooks are thin.

2.5.c 1. Martha is young. 2. The students are intelligent. 3. Martin is heavy. 4. The gardeners are sick. 5. I am tired. 6. The teacher is pretty/beautiful. 7. The cashiers are lazy. 8. The babysitters are happy. 9. The lawyers are hardworking. 10. I am tall. 11. Ernesto is old. 12. Luis is young.

2.6.a 1. blue 2. red 3. white 4. black 5. orange

6. purple 7. brown 8. yellow 9. green

2.6.b 1. it 2. he 3. it 4. she 5. she 6. he 7. it 8. it 9. he 10. she 11. it 12. it

2.6.c 1. It is red. 2. It is black and white. 3. She is tired. 4. It is expensive. 5. It is blue. 6. He is tall. 7. It is green. 8. She is happy. 9. It is dirty. 10. It is yellow and purple.

2.6.d 1a. ~~Is big.~~ 2b. ~~Is a book.~~ 3b. ~~Is from New York.~~ 4a. ~~Is a doctor.~~ 5a. ~~Is a student.~~ 6b. ~~Is new.~~

2.7.a 1. new 2. ugly 3. expensive 4. old 5. small 6. sad 7. short 8. white 9. big 10. heavy

2.7.b 1. it 2. they 3. it 4. they 5. she 6. they 7. they 8. they 9. they 10. he 11. they 12. it 13. she 14. they 15. they

2.7.c 1. It 2. They 3. It 4. They 5. It 6. They

2.7.d 1. The book is new. It is interesting. 2. The house is big. It is beautiful. 3. The dresses are expensive. They are from Paris. 4. The car is old. It is broken. 5. The chair is orange. It is ugly.

2.8.a 1. This 2. These 3. This 4. This 5. These 6. That 7. That 8. Those 9. That 10. Those

2.8.b 1b. ~~These dress is beautiful.~~ 2b. ~~These boy is my brother.~~ 3a. ~~These book is good.~~ 4b. ~~That boys are from Laos.~~ 5a. ~~That girls are my daughter.~~ 6a. ~~These pencil is broken.~~ 7b. ~~Those teacher is hardworking.~~ 8a. ~~That textbooks are heavy.~~

2.8.c 1. This house is clean. 2. These houses are beautiful/pretty. 3. That store is big. 4. Those tables are cheap. 5. That man is very tall. 6. This dictionary is good. 7. Those backpacks are expensive. 8. This book is interesting. 9. This woman is a teacher. 10. Those children are big.

2.9.a 1. we 2. they 3. we 4. we 5. they 6. we 7. they 8. they 9. she 10. we 11. they 12. they 13. they 14. we 15. she 16. we 17. they 18. they 19. they 20. he

2.9.b 1. We 2. They 3. They 4. We 5. They 6. They
7. We 8. We

2.9.c 1a. ~~Bob and I we are from Reno.~~ 2b. ~~Lisa and I we are from Leon.~~ 3a. ~~We from Seattle.~~
4b. ~~We doctors.~~ 5a. ~~Are students.~~ 6a. ~~Sam and I we are tired.~~ 7a. ~~I and Bruce are in love.~~
8b. ~~Max and I we are doctors.~~

P2.a 1. a chair 2. an egg 3. an apple 4. a table
5. an artist 6. a car 7. a student 8. an orange
9. an engineer 10. a job 11. a nurse 12. an opera

P2.b 1. a 2. a 3. an 4. an 5. a 6. an 7. a 8. an 9. a
10. a 11. a 12. a 13. a 14. an

P2.c 1b. ~~These books is good.~~ 2a. ~~Bob and Al they are tired.~~ 3b. ~~That pens are blue.~~ 4b. ~~Lucy and I we are happy.~~ 5b. ~~These pens is new.~~
6b. ~~The boys they are at school.~~ 7a. ~~That boy he is tall.~~ 8a. ~~Max is teacher.~~ 9b. ~~They are tireds.~~ 10a. ~~My sister she is beautiful.~~

P2.d 1. A 2. S 3. S 4. A 5. A 6. S 7. S 8. A
9. A 10. S 11. A 12. S 13. A 14. A 15. S
16. S 17. S 18. S 19. S 20. S 21. A 22. A
23. S 24. A

P2.e 1. good 2. expensive 3. thin 4. ugly
5. dirty 6. happy 7. short 8. healthy
9. new 10. white 11. hardworking 12. tall
13. sad 14. heavy

P2.f 1. <u>It</u> is new. 2. <u>She</u> is tall. 3. <u>They</u> are beautiful.
4. <u>They</u> are from Bolivia. 5. <u>They</u> are blue
and white. 6. <u>It</u> is broken. 7. <u>We</u> are short.
8. <u>It</u> is yellow. 9. <u>They</u> are tired. 10. <u>We</u> are
hardworking. 11. <u>It</u> is purple. 12. <u>They</u> are
small.

P2.g 1. is 2. are 3. are 4. are 5. is 6. is 7. are
8. are 9. are 10. am 11. are 12. are

P2.h 1. It is new. 2. They are old. 3. She is
intelligent. 4. He is nice. 5. They are
expensive.

P2.i 1. Susan and I are tired. 2. Enrique and I are
from Columbia. 3. They are nurses. 4. These
cars are new. 5. Lucy and I are hardworking.
6. Raúl is an artist. 7. This dictionary is good.
8. These students are intelligent. 9. Laura and I
are from Argentina. We are engineers. 10. The
chair and the table are new. They are

expensive. 11. Those dresses are beautiful/
pretty. They are from Paris. 12. María and
Justin are from Sinaloa. They are in love.

Capítulo 3

3.1.a 1. I'm 2. you're 3. he's 4. she's 5. it's 6. we're
7. they're

3.1.b 1. <u>I'm</u> a babysitter. 2. <u>She's</u> from Brazil.
3. <u>It's</u> expensive. 4. <u>They're</u> healthy. 5. <u>He's</u>
my father. 6. <u>You're</u> a nurse. 7. <u>I'm</u> lazy.
8. <u>We're</u> old.

3.1.c 1. They<u>'re</u> 2. He<u>'s</u> 3. We<u>'re</u> 4. I<u>'m</u> 5. She<u>'s</u>
6. It<u>'s</u> 7. We<u>'re</u> tired. 8. They<u>'re</u> 9. I<u>'m</u>
10. She<u>'s</u> 11. They<u>'re</u> 12. We<u>'re</u>

3.1.d 1. She's thin. 2. He's an engineer.
3. They're doctors. 4. I'm lazy. 5. She's from
Guadalajara. 6. They're heavy.

3.2.a 1. A 2. N 3. A 4. N 5. A 6. N 7. N 8. A
9. N 10. A

3.2.b 1. I am not happy. 2. She is not tired. 3. We
are not from Los Angeles. 4. They are not
students. 5. Angi is not a doctor. 6. Barbara
is not beautiful. 7. The table is not new. 8. My
brother is not from Japan. 9. The nurses are
not sick. 10. The girls are not from the United
States. 11. The backpack is not blue. 12. The
dresses are not dirty.

3.2.c 1. The car is not new. 2. Ernesto is not from
Lima. 3. The students are not hardworking. 4.
Luis and I are not students. 5. Angelais not a
cashier. She is a waitress/She's a waitress. 6.
Daniel is not a cashier. He is a waiter/He's a
waiter. 7. Marco is not sick. He is healthy./He's
healthy. 8. I am not from New York./I'm not
from New York. I am from Houston/I'm from
Houston.

3.3.a 1. is 2. is not 3. is 4. is not 5. is not 6. is
7. is not 8. is 9. is 10. is not 11. is not
12. is 13. is 14. is

3.3.b 1a. ~~I no a doctor.~~ 2a. ~~She no is artist.~~ 3b. ~~Caroline no is heavy.~~ 4b. ~~Luis is no from Reno.~~ 5a. ~~Tom no is a student.~~ 6a. ~~They no are in love.~~ 7b. ~~We no from Paris.~~ 8a. ~~She no is a artist.~~

3.3.c 1. I am not tired. 2. Angi is not from the U.S. 3. I am not sick. 4. The girls are not students. 5. The car is not broken.

3.4.a 1. I'm not lazy. 2. You aren't lazy. 3. He isn't lazy. 4. She isn't lazy. 5. We aren't lazy. 6. They aren't lazy. 7. It isn't expensive. 8. The student isn't from Tijuana. 9. The book isn't new. 10. I'm not a homemaker.

3.4.b 1. isn't 2. I'm 3. isn't 4. aren't 5. aren't 6. isn't 7. I'm 8. aren't 9. isn't

3.4.c 1. isn't 2. is 3. is 4. is 5. isn't 6. isn't 7. isn't 8. is 9. isn't 10. is 11. isn't 12. is

3.5.a 1a. ? 1b. Q 2a . 2b. S 3a. ? 3b. Q 4a. ? 4b. Q 5a. . 5b. S 6a. ? 6b. Q 7a. ? 7b. Q 8a. . 8b. S

3.5.b 1. Are 2. Are 3. Is 4. Is 5. Is 6. Is 7. Are 8. Is 9. Are 10. Are 11. Are 12. Is 13. Are 14. Are 15. Is 16. Is 17. Is 18. Are

3.5.c 1. Is she tired? 2. Is he happy? 3. Are they doctors? 4. Is the book good? 5. Is Lourdes an engineer? 6. Are we late? 7. Are you a waitress? 8. Are they lawyers?

3.6.a Las respuestas dependen del estudiante.

3.6.b 1a. ~~Yes, I'm.~~ 2b.. ~~Yes, I'm.~~ 3a. ~~No, I not.~~ 4b. ~~No, I no.~~ 5a. ~~Yes, I,am.~~ 6a. ~~No, I not.~~ 7b. ~~Yes, am.~~ 8b.. ~~No, I no.~~ 9a. ~~Yes, I'm~~ 10b. ~~No I'm not.~~

3.7.a 1. Yes, he is. 2. No, he isn't. 3. Yes, she is. 4. No, she isn't. 5. Yes, he is. 6. No, he isn't. 7. No, she isn't. 8. Yes, she is.

3.7.b 1. Yes, she is. 2. No, she isn't. 3. Yes, she is. 4. No, she isn't. 5. Yes, she is.

3.7.c 1a. ~~Yes, I'm.~~ 2b. ~~Yes it is.~~ 3b. ~~Yes, she is.~~ 4a. ~~Yes, he is.~~ 5b. ~~Yes, she's.~~ 6b. b. Yes, I am. 7b. ~~Yes, I am.~~ 8a. No, I'm not. 9a. ~~No, it isn't.~~

P3.a 1. he's 2. you're 3. she's 4. we're 5. they're 6. it's 7. I'm

P3.b 1. <u>I'm</u> in love. 2. <u>She's</u> from Mazatlan. 3. <u>We're</u> tired. 4. <u>She's</u> from Chile. 5. <u>They're</u> nurses. 6. <u>It's</u> yellow. 7. <u>They're</u> broken. 8. <u>They're</u> sick. 9. <u>We're</u> in love. 10. <u>He's</u> short.

P3.c 1. he isn't 2. you aren't 3. she isn't 4. we aren't 5. they aren't 6. it isn't 7. I'm not

P3.d 1a. ~~I no a waitress.~~ 2b. ~~She isn,t from San Diego.~~ 3b. ~~Ramon isn't sick.~~ 4b. ~~Yes, I'm.~~ 5a. ~~Tom no is in love.~~ 6a. ~~They is not from Texas.~~ 7b. ~~Luis no is happy.~~ 8a. ~~He no is a artist.~~

P3.e 1a. Are 1b. No, I'm not. 2a. Are 2b. No, I'm not. 3a. Is 3b. No, he isn't. 4a. Is 4b. No, she isn't. 5a. Is 5b. No, he isn't. 6a. Is 6b. No, it isn't. 7a. Are 7b. No, they aren't. 8a. Is 8b. No, it isn't.

P3.f 1a. I am not from New York. 1b. I'm not from New York. 2a. She is not tired. 2b. She isn't tired. 3a. Adam is not a gardener. 3b. Adam isn't a gardener. 4a. The car is not dirty. 4b. The car isn't dirty. 5a. We are not happy. 5b. We aren't happy. 6a. The chairs are not new. 6b. The chairs aren't new.

P3.g 1. Yes, he is. 2. No, she isn't. 3. No, she isn't. 4. Yes, they are. 5. Yes, they are. 6. No, he isn't. 7. Yes, he is. 8. Yes, she is. 9. Yes, she is. 10. No, he isn't. No, it isn't.

P3.h 1. He is sick. 2. They are young. 3. They are babysitters. 4. They are from Jalisco. 5. Juana is hardworking. 6. They are from Buenos Aires. 7. He is a gardener. 8. They are lawyers.

P3.i 1. Is he happy? 2. Are they happy? 3. Are they gardeners? 4. Are the boys from Jalisco? 5. Is Lourdes a nurse? 6. Are they from El Salvador? 7. Is he a waiter? 8. Are they lawyers?

P3.j   1. He's a waiter. 2. Angela isn't a waitress. 3. Daniela isn't heavy. 4. They're from Santa Fe. 5. He's intelligent. 6. I'm sick. 7. Jose and I aren't from Canada. 8. The table isn't purple. 9. We aren't friends. 10. They're tired. 11. I'm not from Michoacan. 12. The car isn't cheap.

Capítulo 4

4.1.a   1. have 2. have 3. has 4. has 5. has 6. have 7. have 8. have 9. have 10. has 11. have 12. has 13. have 14. have 15. have 16. have 17. has 18. have

4.1.b   1. six 2. three 3. five 4. eight 5. two 6. one 7. four 8. seven 9. ten 10. nine

4.1.c   1. have 2. has 3. has 4. have 5. have 6. has 7. have 8. have 9. has 10. have 11. have 12. have 13. has 14. have 15. has 16. has 17. have 18. has

4.2.a   1. He has one pencil. 2. He has two notebooks. 3. He has two pens. 4. He has one eraser. 5. He has one dictionary.

4.2.b   1. have a 2. has an 3. has a 4. has a 5. has an 6. have an 7. have a 8. has a

4.2.c   1b. I have car. 2a. Maria has a books. 3a. I have orange. 4b. We have teacher. 5a. Leo has four eraser. 6b. Laura has a egg. 7b. I have problem. 8b. Lisa has two job. 9b. The boys have bicycle. 10a. We have friend in Chicago.

4.2.d   1. I have three cats. 2. I have three pencils. 3. Laura has a backpack. 4. Sam has two jobs. 5. The student has four textbooks. 6. Carlos has a sister and five brothers.

4.3.a   1. cherries 2. boxes 3. parties 4. cities 5. classes 6. friends 7. churches 8. stores 9. dresses 10. cats 11. kisses 12. boys 13. peaches 14. babies 15. chairs 16. toys 17. ladies 18. nurses 19. sisters 20. watches

4.3.b   1. has 2. are 3. is 4. has 5. is 6. has 7. has 8. is 9. are 10. are

4.3.c   1. The boxes are heavy. 2. I have three sisters 3. Those oranges are big. 4. The churches are beautiful. 5. She has two babies. 6. These toys are broken. 7. The peaches are bad. 8. Lillian has the keys.

4.4.a   1. men 2. people 3. teeth 4. children 5. feet 6. women

4.4.b   1. person 2. tooth 3. woman 4. man 5. foot 6. child

4.4.c   1. the child 2. a man 3. the man 4. the men 5. the teeth 6. the tooth 7. the people 8. the person 9. a person 10. the women 11. the woman 12. a woman

4.4.d   1. children 2. child 3. woman 4. man 5. woman 6. people 7. woman 8. children 9. feet 10. man 11. feet 12. tooth 13. children 14. man 15. boys 16. men 17. children 18. women

4.5.a   1. has 2. have 3. have 4. have 5. has 6. has 7. have 8. have 9. has 10. has

4.5.b   1a. I have a dress new. 2b. Ana has a house beautiful. 3a. The school has chairs blue. 4b. I have a boss good. 5a. I have eyes of color blue. 6a. Ana has hair straight. 7b. She has two new dress. 8a. We have goods teachers.

4.5.c   1. have an 2. has a 3. have a 4. has a 5. has an 6. have an 7. have a 8. have a

4.5.d   1. He has a white car. 2. Susan has a new book. 3. We have friends from Chicago. 4. My sister has black eyes. 5. He has a black cat. 6. I have short hair. 7. You have an intelligent sister.

4.6.a   1. D 2. B 3. F 4. C 5. A 6. E 7. G

4.6.b   1. has 2. are 3. have 4. are 5. is 6. have 7. are 8. is 9. have 10. is 11. are 12. has 13. are 14. has 15. are 16. are 17. has 18. have 19. is 20. has

4.6.c   1. Conci is sick. 2. Lillian has a new dress. 3. They have two jobs. 4. The house is clean. 5. My boyfriend is handsome. 6. Elvira has an old car. 7. Enrique and I have two daughters. 8. The men are lazy.

4.7.a   1. twenty-two   2. forty-one   3. sixty-two
4. fifty-four   5. seventy   6. sixteen   7. fifty-eight   8. twelve   9. eighteen   10. fourteen
11. nineteen   12. eighty-four   13. ninety
14. eleven   15. thirteen   16. thirty-four
17. ninety-nine   18. one hundred   19. forty
20. seventy-seven

4.7.b   1a. ~~Lucas has 24 years.~~   2a. ~~I have 19 years old.~~   3b. ~~We have 44.~~   4b. ~~The women is 37 years old.~~   5b. ~~I am 22 years.~~   6a. ~~That man is 97 years.~~   7b. ~~Lynn and I have 34.~~   8a. ~~I have 17.~~

4.7.c   1. He is 20 years old.   2. He is 16 years old.
3. They are 19 years old.   4. She is 17 years old.   5. They are 18 years old.

P4.a   1. has   2. have   3. has   4. have   5. have   6. has
7. has   8. have   9. has   10. have   11. have
12. has   13. have   14. has   15. have

P4.b   1. S   2. P   3. S   4. S   5. S   6. P   7. P   8. P
9. P   10. P   11. S   12. S

P4.c   1. twenty-two   2. forty-three   3. sixty-five
4. eighty-six   5. eleven   6. ninety-one
7. eighty-five   8. thirty   9. forty-nine
10. fourteen   11. eighteen   12. eighty-six
13. sixty-four   14. seventy-seven   15. thirty-six   16. thirty-four   17. fifty-five   18. one hundred   19. ninety   20. forty-seven

P4.d   1. parties   2. cities   3. dresses   4. men
5. classes   6. girls   7. churches   8. children
9. aunts   10. boys   11. kisses   12. peaches
13. ladies   14. babies   15. feet   16. erasers
17. teeth   18. notebooks   19. women
20. cherries

P4.e   1a. ~~I have a two sisters.~~   2b. ~~Maria has nice house.~~   3a. ~~I have a apple.~~   4b. ~~We have a teacher good.~~   5a. ~~Juan has four textbook.~~
6b. ~~Laura has dresses beautiful.~~   7a. ~~I have a problem big.~~   8b. ~~Lisa has three dog.~~
9b. ~~I have healthy.~~   10a. ~~They have friend in Utah.~~   11a. ~~The childs are tired.~~   12b. ~~The men have sick.~~   13b. ~~He's a boy good.~~   14a. ~~She has 16 years.~~   15b. ~~The womens are from NY.~~

P4.f   1. has   2. are   3. has   4. are   5. has   6. have
7. is   8. are   9. has   10. have   11. is   12. has
13. am   14. have   15. has   16. is

P4.g   1. Susan <u>is</u> thirty years old.   2. Marco <u>is</u> 24 years old.   3. Angel and Lupita <u>have</u> three children.   4. I am <u>not</u> in love.   5. We have a <u>sick daughter</u>.   6. Anna <u>is</u> 14 years old.
7. Linda and I <u>are</u> happy.   8. The men <u>are not</u> from Cuba.

P4.h   1. He's 55 years old.   2. No, he isn't.   3. He's a gardener.   4. He's 10 years old.   5. She's 8 years old.   6. She's 12 years old.   7. Yes, he is.   8. No, he isn't.   9. No, he isn't.   10. He's from El Salvador.

Capítulo 5

5.1.a   1. brother.   2. father   3. uncle   4. husband
5. son   6. grandfather   7. grandson
8. nephew

5.1.b   1. mother   2. wife   3. sister   4. grandmother
5. niece   6. granddaughter   7. aunt
8. daughter

5.1.c   1. my sister   2. my sisters   3. my brother
4. my brothers   5. my aunt   6. my aunts
7. my parents   8. my uncle   9. my cousin
10. my cousin

5.1.d   1. My aunt is from San Francisco.   2. My cousin has black eyes.   3. My sisters are from Guadalajara.   4. My children are intelligent. My sons are intelligent.   5. My grandmother is old.   6. My husband has black hair.
7. My friends have a new car.   8. My granddaughters are hardworking.   9. My aunt is from Lima.   10. My nephew is a cashier.

5.2.a   1. Her   2. Her   3. My   4. His   5. His   6. My
7. Her   8. His   9. His   10. Her   11. Her   12. My

5.2.b   1. My   2. Her   3. His   4. His

5.2.c   1. He   2. His   3. He   4. He   5. His   6. His

5.2.d   1. She   2. She   3. Her   4. She   5. Her   6. Her

5.2.e   1. His house is clean.   2. Her house is clean.
3. His car is dirty.   4. Her car is dirty.   5. Her teacher is very pretty.

5.3.a   1. Our   2. Our   3. Your   4. His   5. My   6. His
7. Your   8. Her

5.3.b 1. Our 2. We 3. You 4. Our 5. We 6. You
7. We 8. Your

5.3.c 1. You're 2. You're 3. You're 4. You're
5. your 6. Your

5.3.d 1. Your nephew is handsome. 2. Your garden
is pretty. 3. Her daughters are intelligent.
4. Your cousins are from Dallas. 5. Juan and
I are tired. Our jobs are difficult. 6. Cecilia
and I are friends. Our mothers are friends
also.

5.4.a 1. Their 2. Their 3. His 4. Her 5. Their
6. Her 7. Their 8. Her 9. His 10. Her

5.4.b 1. their 2. They 3. They 4. Her 5. His
6. Their 7. Their 8. He

5.4.c 1. They're 2. They're 3. They're 4. Their
5. Their 6. Their

5.4.d 1. Anna and Mario have a house. Their house
is pretty. 2. My cousins have a garden. Their
garden is pretty/beautiful. 3. My aunt and
uncle have a car. Their car is broken. 4. My
parents have a big house. Their house is in
Michoacan.

5.5.a 1. His full name is Juan Garcia Castro.
2. His first name is Juan. 3. His middle
name is Garcia. 4. His last name is Castro.
5. His middle initial is G. 6. Her full name is
Patricia Ortiz Sanchez. 7. Her first name is
Patricia. 8. Her middle name is Ortiz. 9. Her
last name is Sanchez. 10. Her middle initial
is O. 11-15. Las respuestas dependen del
estudiante.

5.5.b 1. your 2. name 3. I'm 4. years 5. job 6. a
7. you 8. am

P5.a 1a. femenina 1b. uncle 2a. masculino
2b. daughter 3a. masculino 3b. sister
4a. femenina 4b. grandfather 5a. masculino
5b. niece.

P5.b 1. My 2. My 3. Her 4. My 5. His 6. His
7. Their 8. Its 9. Our

P5.c 1. Our 2. Their 3. My 4. Her 5. Our 6. His
7. Their 8. Her

P5.d 1. Her 2. She 3. His 4. She 5. I 6. Your

P5.e 1b. ~~His car is red.~~ 2a. ~~Her jacket is red.~~
3b. ~~Her daughter is tired.~~ 4a. ~~His uncle is
healthy.~~ 5b. ~~My car is new.~~ 6b. ~~His dress is
green.~~ 7b. ~~Her brother is handsome.~~
8a. ~~Their dog is brown.~~ 9b. ~~Their family is
big.~~ 10b. ~~Her daughter is sick.~~

P5.f 1. We have a white car. 2. Our niece is from
Madrid. 3. My grandmother has a big
house. 4. My sister has blue eyes. 5. His
last name is Marquez. 6. Our job is difficult.
7. The doctor is from Chicago. His name is
Paul. 8. The teacher is from New York. Her
name is Louisa.

P5.g

IDENTIFICATION CARD 2	
FIRST NAME	Luis
MIDDLE INITIAL	J.
LAST NAME	Alvarez
STREET ADDRESS	15 First Avenue
CITY	Placerville
STATE	Georgia ZIP 32333
TELEPHONE NUMBER	(646) 644-1245
AGE	24

IDENTIFICATION CARD 3	
FIRST NAME	Cynthia
MIDDLE INITIAL	M.
LAST NAME	Fox
STREET ADDRESS	576 University Ave.
CITY	White Plains
STATE	New York ZIP 10605
TELEPHONE NUMBER	(924) 655-1246
AGE	31

Apéndice B: Contracciones negativas

En el Capítulo 3 aprendiste acerca de las contracciones negativas **isn't** y **aren't**. El siguiente cuadro te muestra otra manera de formar contracciones en oraciones negativas que tienen el verbo **to be**.

Contracciones con el verbo to be	
I + **am** seguido de **not**	**I'm not**
you + **are** seguido de **not**	**you're not**
we + **are** seguido de **not**	**we're not**
they + **are** seguido de **not**	**they're not**
he + **is** seguido de **not**	**he's not**
she + **is** seguido de not	**she's not**
it + **is** seguido de not	**it's not**

El siguiente cuadro te muestra las dos contracciones que puedes formar al usar el verbo **to be** en una oración negativa. Excepto en el caso de **I**, existen dos contracciones posibles para cada pronombre, y las dos quieren decir exactamente lo mismo.

Oraciones negativas sin contracción	Oraciones negativas con contracción
I am not tired. (No estoy cansado.)	**I'm not tired.** (No estoy cansado.)
You are not tired. (No estás cansado.)	**You're not tired. You aren't tired.** (No estás cansado.)
He is not tired. (Él no está cansado.)	**He's not tired. He isn't tired.** (Él no está cansado.)
She is not tired. (Ella no está cansada.)	**She's not tired. She isn't tired.** (Ella no está cansada.)
We are not tired. (Nosotros no estamos cansados.)	**We're not tired. We aren't tired.** (Nosotros no estamos cansados.)
They are not tired. (Ellos no están cansados.)	**They're not tired. They aren't tired.** (Ellos no están cansados.)

Glosario de términos de gramática

adjetivo: Una palabra que modifica o describe un sustantivo o pronombre. **Handsome** (guapo), **pretty** (bonita) y **blue** (azul) son ejemplos de adjetivos.

adjetivo demostrativo: Un adjetivo que indica si algo se encuentra cerca o lejos de ti. En inglés, los adjetivos demostrativos son **this, that, these** y **those**.

adjetivo posesivo: Un adjetivo que indica que algo pertenece a o está relacionado con un sustantivo. **My** (mi, mis) es un ejemplo de un adjetivo posesivo.

artículo: Una palabra ubicada antes de un sustantivo. En inglés, los artículos son **the** (el, la, los y las), y **a** y **an** (un y una).

contracción: Una palabra que se forma al combinar otras dos palabras. Al y del son contracciones en español. **I'm** y **isn't** son ejemplos de contracciones en inglés.

género: Un tipo de clasificación que determina si los sustantivos, pronombres y adjetivos son masculinos, femeninos o neutrales. Casa es un sustantivo femenino; techo es un sustantivo masculino. En inglés, sólo algunos sustantivos tienen género. Por ejemplo, **mother** y **father**.

preposición: Una palabra que describe lugar, tiempo, dirección o ubicación. **Over** (arriba de) y **next to** (al lado de) son ejemplos de preposiciones.

pronombre: Una palabra que puedes usar para reemplazar un sustantivo. (Ver *pronombre personal*)

pronombre personal: Un pronombre que es el sujeto de una oración. En inglés, los pronombres personales son **I, you, he, she, it, we** y **they**.

sujeto: La palabra o las palabras en una oración que indican a quién o a qué se refiere la oración. El sujeto es, por lo general, el primer sustantivo o pronombre de la oración.

sustantivo: Una persona, lugar, animal o cosa. **Teacher** (maestra), **book** (libro) y **park** (parque) son ejemplos de sustantivos.

sustantivo plural: Un sustantivo que se refiere a más de una persona, lugar, animal, o cosa. **Books** (libros) es un ejemplo de un sustantivo plural.

sustantivo singular: Un sustantivo que se refiere a una persona, lugar, animal, o cosa. **Book** (libro) es un ejemplo de un sustantivo singular.

verbo: Una palabra que habla de una acción o del estado actual de las cosas. **To be** (ser y estar) y **to have** (tener) son los verbos más comunes.

Índice analítico

Diccionario: inglés-español

A

address *(ádres)*	dirección
adjective *(ádshetiv)*	adjetivo
afraid *(to be)* *(tu bi afréid)*	tener miedo
age *(éish)*	edad
airplane *(érplein)*	avión
also *(ólsou)*	también
am *(am)*	soy, estoy
an *(an)*	un, una
and *(and)*	y
apple *(apl)*	manzana
architect *(árquetect)*	arquitecto(a)
are *(ar)*	eres, somos, son, estás, estamos, están
artist *(ártist)*	artista
at *(at)*	a, en
aunt *(ant)*	tía

B

baby *(béibi)*	bebé(a)
babysitter *(béibisiter)*	niñera
backpack *(bákpak)*	mochila
bad *(bad)*	malo(a)
bag *(bag)*	bolsa
ball *(bol)*	pelota
be (verb) *(bi)*	ser, estar
beautiful *(biútiful)*	hermoso(a)
because *(bicós)*	porque
big *(big)*	grande
black *(blak)*	negro(a)
blue *(blu)*	azul
book *(buk)*	libro
boss *(bos)*	jefe(a)
box *(box)*	caja
boy *(bói)*	niño
boyfriend *(bóifrend)*	novio
brother *(bráder)*	hermano
brother-in-law *(bráder in loh)*	cuñado
brown *(bráun)*	café, marrón, castaño

C

call (verb) *(col)*	llamar
car *(car)*	carro, coche, auto
cashier *(cashíer)*	cajero(a)
cat *(cat)*	gato(a)
chair *(cher)*	silla
cheap *(chip)*	barato(a)
cherry *(chérri)*	cereza
child *(cháild)*	niño(a)
city *(síti)*	ciudad
class *(clas)*	clase
clean *(clin)*	limpio(a)
coffee *(cófi)*	
cold (adj.) *(cóuld)*	frío(a)
cold (noun) *(cóuld)*	frío, resfriado
color *(cólor)*	color
complete *(complít)*	completo(a)
complete name *(complít néim)*	nombre completo
consonant *(cónsonant)*	consonante
construction worker *(constrókshon uérker)*	albañil
cook *(cuk)*	cocinero(a)
country *(cóntri)*	país
cousin *(cásin)*	primo(a)
curly *(kérli)*	rizado

D

daughter *(dóter)*	hija
daughter-in-law *(dóter in loh)*	nuera
dictionary *(díkshonari)*	diccionario
dirty *(dérti)*	sucio(a)
divorced *(divórst)*	divorciado(a)
doctor *(dóctor)*	médico(a)
dog *(dog)*	perro(a)
dress *(dres)*	vestido

E

egg *(eg)*	huevo
eight *(éit)*	ocho
eighteen *(éitin)*	dieciocho
eighty *(éiti)*	ochenta
eleven *(iléven)*	once
engineer *(inshenír)*	ingeniero(a)
eraser *(irréiser)*	borrador

expensive *(expénsif)*   caro(a)

eye *(ái)*   ojo

F

father *(fáder)*   padre

father-in-law *(fáder in loh)*   suegro

fear *(fir)*   miedo

feet *(fit)*   pies

fifteen *(fíftin)*   quince

fifty *(fífti)*   cincuenta

first *(ferst)*   primero(a)

first name *(ferst néim)*   primer nombre

five *(fáiv)*   cinco

foot *(fut)*   pie

forty *(fórti)*   cuarenta

four *(for)*   cuatro

fourteen *(fórtin)*   catorce

friend *(frend)*   amigo(a)

from *(from)*   de, desde

G

garden *(gárdn)*   jardín

gardener *(gárdner)*   jardinero(a)

girl *(guerl)*   niña

girlfriend *(guérlfrend)*   novia

good *(gud)*   bueno(a)

grandchild *(grancháild)*   nieto(a)

granddaughter *(grandóter)*   nieta

grandfather *(granfáder)*   abuelo

grandmother *(granmáder)*   abuela

grandparent *(grandpérent)*   abuelo

grandson *(grandsán)*   nieto

gray *(gréi)*   gris

green *(grin)*   verde

H

hair *(jer)*   pelo, cabello

handsome *(jánsom)*   guapo

happy *(jápi)*   feliz, contento(a)

hardworking *(jarduérkin)*   trabajador(a)

has *(jas)*   tiene

have *(jav)*   tengo, tienes, tenemos, tienen

he *(ji)*   él

he's (he is) *(jis)*   él es, él está

healthy *(jélzi)*   saludable

heat *(jit)*   calor

heavy *(jévi)*   pesado(a)

her *(jer)*   su (de ella)

his *(jis)*   su (de él)

homemaker *(jomméiker)*   ama de casa

hot *(jat)*   caliente

house *(jáus)*   casa

how *(jáu)*   cómo

how old *(jáu old)*   cuántos años

hundred *(jóndred)*   cien, ciento

hunger *(jánguer)*   hambre

hungry *(jángri)*   hambriento(a)

husband *(jásben)*   esposo

I

I *(ái)*   yo

I'm (I am) *(áim)*   yo soy, yo estoy

identification *(aidentifikéishon)*   identificación

in *(in)*   en

in love *(in lov)*   enamorado(a)

initial *(iníshal)*   inicial

intelligent *(intélishent)*   inteligente

interesting *(íntrestin)*   interesante

is *(is)*   es, est

it *(it)* it's *(its)*

J, K, L

job *(shob)*   trabajo

key *(ki)*   llave

kiss *(kis)*   beso

lady *(léidi)*   dama

large *(larsh)*   grande

last name *(last néim)*   apellido

lawyer *(lóier)*   abogado(a)

lazy *(léisi)*   flojo(a), perezoso(a)

love *(lov)*   amor

luck *(lak)*   suerte

lucky *(láki)*   afortunado(a)

M

man *(man)*   hombre

marital status   estado civil
(márital státes)

married *(márid)*   casado(a)

men *(men)*   hombres

middle name?   segundo nombre
(midl néim)

mother *(máder)*   madre

mother-in-law   suegra
(máder in loh)

my *(mái)*   mi, mis

N

name *(néim)*   nombre

nephew *(néfiu)*   sobrino

new *(niú)*   nuevo(a)

nice *(náis)*   agradable

niece *(nis)*   sobrina

nine *(náin)*   nueve

nineteen *(náintin)*   diecinueve

ninety *(náinti)*   noventa

no *(no)*   no

not *(not)*   no

notebook *(nóutbuk)*   cuaderno

noun *(náun)*   sustantivo

number *(námber)*   número

nurse *(ners)*   enfermero(a)

O

occupation   ocupación
(okiupéishon)

of *(of)*   de

old *(old)*   viejo(a)

one *(uán)*   un, uno, una

one hundred   cien, ciento
(uán jóndred)

opera *(ópera)*   ópera

orange *(óransh)*   naranja, anaranjado

our *(áur)*   nuestro(a)

P

parents *(pérents)*   padres

park *(park)*   parque

party *(párti)*   fiesta

peach *(pich)*   durazno

pen *(pen)*   bolígrafo

pencil *(pénsil)*   lápiz

people *(pípl)*   personas, gente

person *(pérson)*   persona

pretty *(príti)*   bonito(a), guapa

problem *(próblem)*   problema

pronoun *(prónaun)*   pronombre

purple *(pérpl)*   morado(a)

Q, R, S

red *(red)*   rojo(a)

relative *(rélativ)*   pariente, familiar

rice *(ráis)*   arroz

sad *(sad)*   triste

salesperson   vendedor(a)
(séilsperson)

school *(skul)*   escuela, colegio

second *(sékond)*   segundo(a)

seven *(séven)*   siete

seventeen *(séventin)*   diecisiete

seventy *(séventi)*   setenta

she *(shi)*   ella

she's (she is) *(shis)*   ella es, ella está

shirt *(shert)*   camisa

short *(short)*   chaparro(a), bajo(a)

sick *(sik)*   enfermo(a)

single *(singl)*   soltero(a)

sister *(síster)*   hermana

sister-in-law   cuñada
(síster in loh)

six *(six)*   seis

sixteen *(síxtin)*   dieciséis

sixty *(síxti)*   sesenta

sleep *(slip)*   sueño

sleepy *(slípi)*   soñoliento

small *(smol)*   pequeño(a)

son *(san)*   hijo

son-in-law *(san in loh)*   yerno

state *(stéit)*   estado

store *(stor)*   tienda

straight *(stréit)*   lacio(a)

student *(stiúdent)*   estudiante

subject *(sóbshekt)*   sujeto

T

table *(téibl)*   mesa

tall *(tol)*   alto(a)

teacher *(tícher)*	maestro(a)	**white** *(uáit)*	blanco(a)
teeth *(tiz)*	dientes	**why** *(uái)*	por qué
telephone *(télefon)*	teléfono	**wife** *(uáif)*	esposa
ten *(ten)*	diez	**woman** *(uéman)*	mujer
textbook *(tékstbuk)*	libro de texto	**women** *(uémen)*	mujeres
that *(dat)*	ese, esa, eso	**work (noun)** *(uérk)*	trabajo
the *(de)*	la, lo, las, los	**work (verb)** *(uérk)*	trabajar
their *(der)*	su (de ellos), su (de ellas), sus (de ellos), sus (de ellas)	**year** *(íer)*	año
		yellow *(iélou)*	amarillo(a)
there *(der)*	allí	**yes** *(iés)*	sí
these *(díis)*	estos, estas	**you** *(iú)*	tú, usted, ustedes
they *(déi)*	ellos, ellas	**young** *(iáng)*	joven
they're (they are) *(deyr)*	ellos son, ellos están, ellas son, ellas están	**your** *(iór)*	tu, tus, su, sus
thin *(zin)*	delgado(a)	**you're** (you are) *(iúr)*	tú eres, tú estás, usted es, usted está, ustedes, son, ustedes están
thirteen *(zértin)*	trece		
thirst *(zerst)*	sed	**zip code** *(tsip cóud)*	código posta
thirsty *(zérsti)*	sediento(a)		
thirty *(zérti)*	treinta		
this *(dis)*	este, esta, esto		
those *(dóuz)*	esos, esas		
three *(zri)*	tres		
tired *(táierd)*	cansado(a)		
to be *(tu bi)*	ser, estar		
tooth *(tuz)*	diente		
toy *(tói)*	juguete		
tree *(tri)*	árbol		
twelve *(tuélf)*	doce		
twenty *(tuénti)*	veinte		
two *(tu)*	dos		

U, V

ugly *(ógli)*	feo(a)
uncle *(oncl)*	tío
verb *(verb)*	verbo
very *(véri)*	muy
vowel *(váuel)*	vocal

W, X, Y, Z

waiter *(uéiter)*	mesero
waitress *(uéitres)*	mesera
we *(uí)*	nosotros, nosotras
we're (we are) *(uér)*	somos, estamos
weather *(uéder)*	clima, tiempo
what *(uát)*	qué, cuál
when *(uén)*	cuándo
where *(uér)*	dónde

Diccionario: español-inglés

A

abogado(a)   lawyer (lóier)

abuela   grandmother (granmáder)

abuelo   grandfather (granfáder)
grandparent (grandpérent)

adjetivo   adjective (ádshetiv)

afortunado(a)   lucky (láki)

agradable   nice (náis)

albañil   construction worker (constrókshon uérker)

allí   there (der)

alto(a)   tall (tol)

ama de casa   homemaker (jomméiker)

amarillo(a)   yellow (iélou)

amigo(a)   friend (frend)

amor   love (lov)

año   year (íer)

apellido   last name (last néim)

árbol   tree (tri)

arquitecto(a)   architect (árquetect)

arroz   rice (ráis)

artista   artist (ártist)

avión   airplane (érplein)

azul   blue (blu)

B

bajo(a)   short (short)

barato(a)   cheap (chip)

bebé(a)   baby (béibi)

beso   kiss (kis)

blanco(a)   white (uáit)

bolígrafo   pen (pen)

bolsa   bag (bag)

bonito(a)   pretty (príti)
beautiful (biútiful)

borrador   eraser (irréiser)

bueno(a)   good (gud)

C

cabello   hair (jer)

café   coffee (cófi)
brown (bráun)

caja   box (box)

cajero(a)   cashier (cashíer)

caliente   hot (jat)

calor   heat (jit)

camisa   shirt (shert)

cansado(a)   tired (táierd)

caro(a)   expensive (expénsif)

carro   car (car)

casa   house (jáus)

casado(a)   married (márid)

castaño   brown (bráun)

catorce   fourteen (fórtin)

cereza   cherry (chérri)

chaparro(a)   short (short)

cien, ciento   hundred (jóndred)

cinco   five (fáiv)

cincuenta   fifty (fífti)

ciudad   city (síti)

clase   class (clas)

clima   weather (uéder)

cocinero(a)   cook (cuk)

código postal   zip code (tsip cóud)

color   color (cólor)

cómo   how (jáu)

completo(a)   complete (complít)

consonante   consonant (cónsonant)

contento(a)   happy (jápi)

cuaderno   notebook (nóutbuk)

cuál   what (uát)
which (uích)

cuándo   when (uén)

cuántos años   how old (jáu old)

cuarenta   forty (fórti)

cuatro   four (for)

cuñada   sister-in-law (síster in loh)

cuñado   brother-in-law (bráder in loh)

D

dama   lady (léidi)

de   from (from), of (of)

desde   from (from)

delgado(a)   thin (zin)

diccionario   dictionary (díkshonari)

diecinueve   nineteen (náintin)

dieciocho	eighteen (éitin)	**F**	
dieciséis	sixteen (síxtin)	feliz	happy (jápi)
diecisiete	seventeen (séventin)	feo(a)	ugly (ógli)
diente	tooth (tuz)	fiesta	party (párti)
dientes	teeth (tiz)	flojo(a)	lazy (léisi)
diez	ten (ten)	frío	cold (noun) (cóuld)
dirección	address (ádres)	frío(a)	cold (adj.) (cóuld)
divorciado(a)	divorced (divórst)		
doce	twelve (tuélf)	**G**	
dónde	where (uér)	gato(a)	cat (cat)
dos	two (tu)	gente	people (pípl)
durazno	peach (pich)	grande	big (big), large (larsh)
		gris	gray (gréi)
E		guapa	pretty (príti), beautiful (biútiful)
edad	age (éish)	guapo	handsome (jánsom)
él	he (ji)		
el	the (de)	**H**	
ella	she (shi)	hambre	hunger (jánguer)
ellas	they (déi)	hambriento(a)	hungry (jángri)
ellos	they (déi)	hermana	sister (síster)
en	in (in)	hermano	brother (bráder)
enamorado(a)	in love (in lov)	hija	daughter (dóter)
enfermero(a)	nurse (ners)	hijo	son (san)
enfermo(a)	sick (sik)	hombre	man (man)
eres	are (ar)	hombres	men (men)
es	is (is)	huevo	egg (eg)
esa	that (dat)		
escuela	school (skul)	**I, J, K**	
ese	that (dat)	identificación	identification (aidentifikéishon)
esos, esas	those (dóuz)	ingeniero(a)	engineer (inshenír)
esposa	wife (uáif)	inicial	inicial (iníshal)
esposo	husband (jásben)	inteligente	intelligent (intélishent)
esta	this (dis)	interesante	interesting (íntrestin)
está	is (is)	jardín	garden (gárdn)
estado	state (stéit)	jardinero(a)	gardener (gárdner)
estado civil	marital status (márital státes)	jefe(a)	boss (bos)
estamos	are (ar)	joven	young (iáng)
están	are (ar)	juguete	toy (tói)
estar	to be (tu bi)		
estas	these (díis)	**L**	
estás	are (ar)	lacio(a)	straight (stréit)
este	this (dis)	lápiz	pencil (pénsil)
esto	this (dis)	la	the (de)
estos	these (díis)	las	the (de)
estoy	am (am)	libro	book (buk)
estudiante	student (stiúdent)		

libro de texto	textbook (tékstbuk)	**nuera**	daughter-in-law (dóter in loh)
limpio(a)	clean (clin)	**nuestro(a)(os)(as)**	our (áur)
llamar	to call (tu col)	**nueve**	nine (náin)
llave	key (ki)	**nuevo(a)**	new (niú)
los	the (de)	**número**	number (námber)

M

madre	mother (máder)
maestro(a)	teacher (tícher)
malo(a)	bad (bad)
manzana	apple (apl)
marrón	brown (bráun)
mesera	waitress (uéitres)
mesero	waiter (uéiter)
médico(a)	doctor (dóctor)
mesa	table (téibl)
mi	my (mái)
miedo	fear (fir)
mis	my (mái)
mochila	backpack (bákpak)
morado	purple (pérpl)
marrón	brown (bráun)
mujer	woman (uéman)
mujeres	women (uémen)
muy	very (véri)

N

naranja	orange (óransh)
negro(a)	black (blak)
nieta	grandaughter (grandóter) grandchild (grancháild)
nieto	grandson (grandsán) grandchild (grancháild)
niña	gir (guerl), child (cháild)
niñera	babysitter (béibisiter)
niño	boy (bói), child (cháild)
no	no (no) not (not)
nombre	name (néim)
nombre completo	complete name (complít néim)
nosotras	we (uí)
nosotros	we (uí)
noventa	ninety (náinti)
novia	girlfriend (guérlfrend)
novio	boyfriend (bóifrend)

O, P

ochenta	eighty (éiti)
ocho	eight (éit)
ocupación	occupation (okiupéishon)
	job (shob)
ojo	eye (ái)
once	eleven (iléven)
ópera	opera (ópera)
padre	father (fáder)
padres	parents (pérents)
país	country (cóntri)
pariente	relative (rélativ)
parque	park (park)
pesado(a)	heavy (jévi)
pelo	hair (jer)
pelota	ball (bol)
pequeño(a)	small (smol)
perro(a)	dog (dog)
persona	person (pérson)
personas	people (pípl)
pie	foot (fut)
pies	feet (fit)
por qué	why (uái)
porque	because (bicós)
primer(a)(o)	first (ferst)
primo(a)	cousin (cásin)
problema	problem (próblem)
pronombre	pronoun (prónaun)

Q, R

qué	what (uát)
quince	fifteen (fíftin)
resfriado	cold (noun) (fíftin)
rizado	curly (kérli)
rojo(a)	red (red)

S

saludable	healthy *(jélzi)*
sed	thirst *(zérst)*
sediento(a)	thirsty *(zérsti)*
segundo nombre	middle name *(midl néim*
segundo(a)	second *(sékond)*
seis	six *(six)*
ser	to be *(tu bi)*
sesenta	sixto *(síxti)*
setenta	seventy *(séventi)*
sí	yes *(iés)*
siete	seven *(séven)*
silla	chair *(cher)*
sobrina	niece *(nis)*
sobrino	nephew *(néfiu)*
soltero(a)	single *(singl)*
somos	are *(ar)*
son	are *(ar)*
soñoliento(a)	sleepy *(slípi)*
soy	am *(am)*
su (de *él)*	his *(jis)*
su (de *ella)*	her *(jer)*
su (de *ellas)*	their *(der)*
su (de *ellos)*	their *(der)*
sucio(a)	dirty *(dérti)*
suegra	mother-in-law *(máder in loh)*
suegro	father-in-law *(fáder in loh)*
sueño	sleep *(slip)*
suerte	luck *(lak)*
sujeto	subject *(sóbshekt)*
sus (de *ellas)*	their *(der)*
sus (de *ellos)*	their *(der)*
sustantivo	noun *(náun)*

T

también	also *(ólsou)*
teléfono	telephone *(télefon)*
tenemos	have *(jav)*
tener	to have *(to jav)*
tengo	have *(jav)*
tía	aunt *(jav)*
tiempo	weather *(uéder)*
tienda	store *(stor)*
tiene	has *(jas)*
tienen	have *(jav)*

tienes	have *(jav)*
tío	uncle *(oncl)*
trabajador(a)	hardworking *(jarduérkin)*
trabajar	to work (verb) *(uérk)*
trabajo (noun)	work *(uérk)*
trece	thirteen *(zértin)*
treinta	thirty *(zérti)*
tres	three *(zri)*
triste	sad *(sad)*
tu	your *(iór)*
tú	you *(iú)*
tus	your *(iór)*

U, V, W, X, Y, Z

un	a *(éi)*, an *(an)*, one *(uán)*
una	a *(éi)*, an *(an)*, one *(uán)*
uno	one *(uán)*
usted	you *(iú)*
ustedes	you *(iú)*
veinte	twenty *(tuénti)*
vendedor(a)	salesperson *(séilsperson)*
verbo	verb *(verb)*
verde	green *(grin)*
vestido	dress *(dres)*
viejo(a)	old *(old)*
vocal	vowel *(váuel)*
y	and *(and)*
yerno	son-in-law *(san in loh)*
yo	I *(ái)*, me *(mi)*

Únete a la Comunidad de *Paso a paso*

Si eres un maestro:

Ofrecemos descuentos por cantidad a organizaciones que desean comprar varias copias de los libros.

Para darnos tu opinión sobre nuestros libros, escríbenos a **ElizabethWeal@tenaya.com** o completa el formulario a continuación.

Si eres un estudiante:

Tenaya Press se dedica a ayudar a estudiantes hispanohablantes a entender la gramática del inglés. Si eres un estudiante que usa alguno de nuestros libros y te gustaría recibir información sobre otros libros y CDs que desarrollamos, envía tu información de contacto a **ElizabethWeal@tenaya.com** o completa el formulario a continuación.

Nombre _____

Dirección _____

_____

Dirección
de correo
electrónico _____

¿Eres un maestro? De ser así, ¿dónde enseñas? _____

Tenaya Press
3481 Janice Way
Palo Alto, CA 94303

Made in the USA
Lexington, KY
13 March 2014